신나고~! 재밌고~!
GOGO
고고고
간추린
소나티네

GOGO 간추린 소나티네의 활용법

 **손가락 번호의 활용**

〈GOGO 간추린 소나티네〉에 사용된 손가락 번호는 손이 작은 어린이의 조건에 맞춘 것이므로 이 운지법이 무조건 옳다고 하는 것은 좋은 생각이 아닙니다. 그러므로 이 책에서는 다른 손가락 번호를 괄호로 묶어서 제시하고 있습니다.
선생님께서 학습자에 맞는 손가락 번호로 적절히 지도해 주시기 바랍니다.

 **셈여림과 악상기호의 표현**

이 소나티네에 사용되는 셈여림과 악상기호는 각 곡의 분위기에 따라 여러 가지로 상세하게 표현하고 있습니다. *cresc.*(크레셴도), 또는 ————————, *decresc.*(데크레셴도)나 *dim.*(디미누엔도) 또는 ————————— 등의 점차적인 셈여림과 ***pp***, ***p***, ***mp***, ***mf***, ***f***, ***ff***의 셈여림, 그리고 각 음이 나타내는 표정 역할을 하는 ***sf***, ***fz***, – (테누토), > (악센트), • (스타카토) 등으로 표기하고 있습니다. 이 부분은 각 해석본마다 조금씩(어떤 부분은 전혀 다르게) 차이가 있으므로 선생님께서 셈여림의 변화와 그 의도를 잘 파악하시고 지도해 주시기 바랍니다.

 **긴 프레이즈, 짧은 슬러(이음줄)의 해석**

이 책에서는 짧은 슬러와 프레이즈를 나타내는 긴 슬러를 사용하고 있습니다. 짧은 슬러는 프레이즈를 나타내는 긴 슬러와는 다르게 취급해야 합니다. 예를 들어, 같은 음이 두 번 이어서 나올 때는 짧은 슬러로 이를 자연스럽게 끊어서 연주하도록 표현하고 있으며, 어떤 음에 악센트를 넣어서 강조할 때도 짧은 슬러로 음을 끊어서 강조할 수 있도록 표현하고 있습니다. 이는 긴 프레이즈 안에서 각 음에 대한 표현이므로 프레이즈를 나타내는 긴 슬러와는 구별하여 연주해야 합니다.
또한, 왼손 반주 부분에 프레이즈를 나타내는 긴 슬러 대신 레가토(*legato*)로 표기하기도 하여 악보가 복잡해 보이지 않도록 하였습니다.

이 책에 나오는 음악 용어

♥ 빠르기말

Andante	Andantino	Moderato	Allegretto	Allegro	Vivace	Presto
안단테	안단티노	모데라토	알레그레토	알레그로	비바체	프레스토
느리게	조금 느리게	보통 빠르기로	조금 빠르게	빠르게	아주 빠르고 생기있게	매우 빠르고 급하게

♥ 셈여림

pp	p	mp	mf	f	ff	sf	fz
피아니시모	피아노	메조피아노	메조포르테	포르테	포르티시모	스포르찬도	포르찬도
매우 여리게	여리게	조금 여리게	조금 세게	세게	매우 세게	그 음을 특히 세게	

♥ 악상기호 및 용어

기호	이름	뜻
–	테누토	그 음의 길이를 충분히 지켜서
>	악센트	그 음만 세게
a tempo	아 템포	본래의 빠르기로
cresc.	크레셴도	점점 세게
D.C. al Fine	다 카포 알 피네	처음으로 돌아가 Fine에서 끝난다
decresc.	데크레셴도	점점 여리게
dim.	디미누엔도	점점 여리게
dolce	돌체	부드럽게
legato	레가토	부드럽게 이어서
leggiero	레지에로	가볍고 경쾌하게
poco a poco	포코 아 포코	서서히, 조금씩
rall. / rit.	랄렌탄도 / 리타르단도	점점 느리게

차례

무치오 클레멘티
(Muzio Clementi)
1752~1832

클레멘티가 작곡한 Op.36의 1번 "도미도솔솔~"로 시작하는 소나티네는 못 들어 본 학습자가 없을 정도로 유명한 곡입니다. 이탈리아에서 태어난 클레멘티(1752년생)는 당시 모차르트(1756년생), 베토벤(1770년생) 등이 활동하던 고전파 시기의 작곡가입니다.

클레멘티 29세, 1781년 오스트리아의 황제 요제프 2세의 요청으로 빈에서 모차르트와 피아노 경연을 벌인 사건은 너무나 유명한 내용으로 지금도 널리 알려져 있습니다. 당시 황제는 이들의 경연을 무승부로 판정내렸다고 합니다.

클레멘티보다 약 20세 어린 베토벤은 클레멘티의 패시지(연결구) 기법을 매우 훌륭하다고 했으며, 그의 제자들에게 클레멘티의 소나타를 연습하도록 지시하였다고 합니다.

클레멘티는 후에 영국 런던을 중심으로 활동하면서 작곡 활동과 함께 후진 양성에 힘써 우수한 음악가들을 키워냈습니다.

런던의 웨스트민스터 대성당에 있는 클레멘티 묘비에는 다음과 같은 글이 적혀 있습니다.

"피아노의 아버지가 잠들어 있다"

클레멘티 소나티네 Op.36 No.1
제3악장 다(C)장조

박자　$\frac{3}{8}$박자

빠르기　**Vivace**(비바체)　　　　**곡의 느낌**　아주 빠르고 생기있게

곡의 형식　겹두도막 형식

연습과 곡의 표현

♥ 슬러와 스타카토를 깨끗하게 표현해 보세요.
p와 f의 대비 효과를 잘 살려서 표현하세요.
f는 무리해서 크게 치려고 하면 좋은 소리가 나지 않습니다. 또한 p는 너무 가볍게
치면 소리가 잘 살아나지 않습니다.

♥ 4마디 단위씩 하나의 프레이즈로 연습하세요. A부분의 왼손 *legato*도 오른손과 마찬
가지로 4마디 단위로 이어주세요.

미리 맛보기

♥ **오른손 음계**

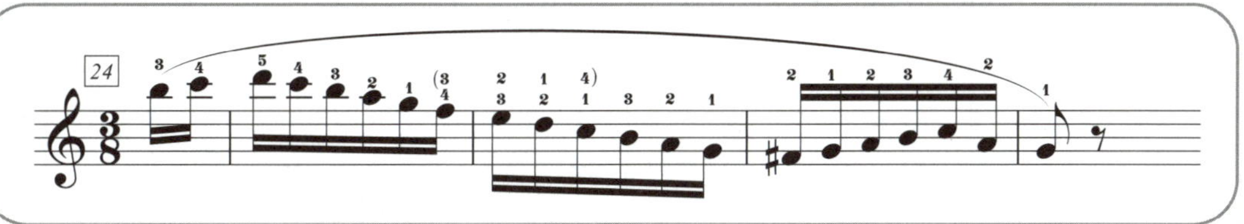

음계는 손가락 번호를 잘 지켜서 연습해야 바른 연주를 할 수 있습니다. 1-3번 손가락
넘기기, 1-4번 넘기기는 음이 흐트러지지 않고 고른 소리가 날 때까지 손목을 이용하
여 충분히 연습해야 합니다. 처음에는 천천히 연습하면서 점점 빠르기를 더해 가세요.

클레멘티 소나티네 Op.36 No.1
제3악장

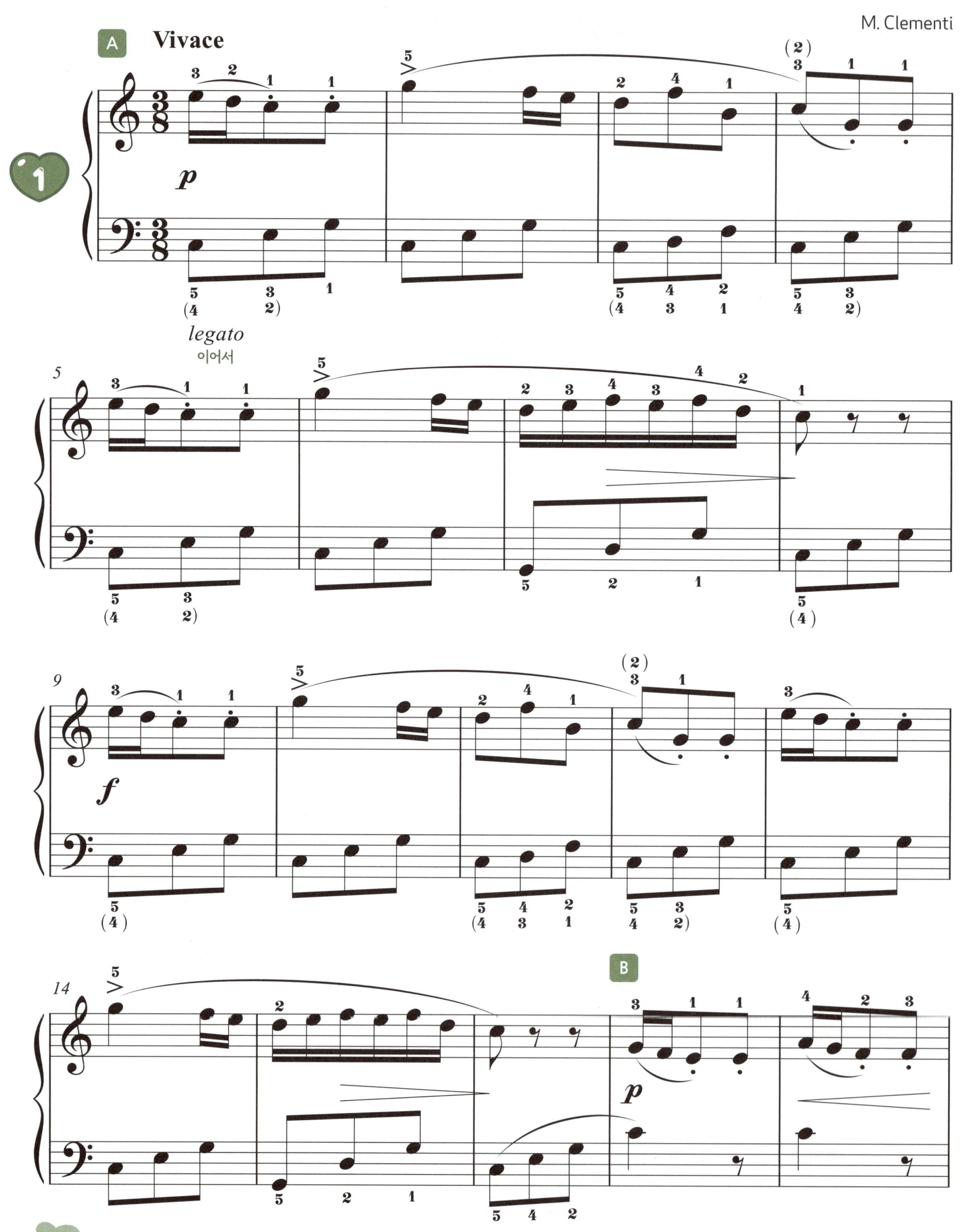

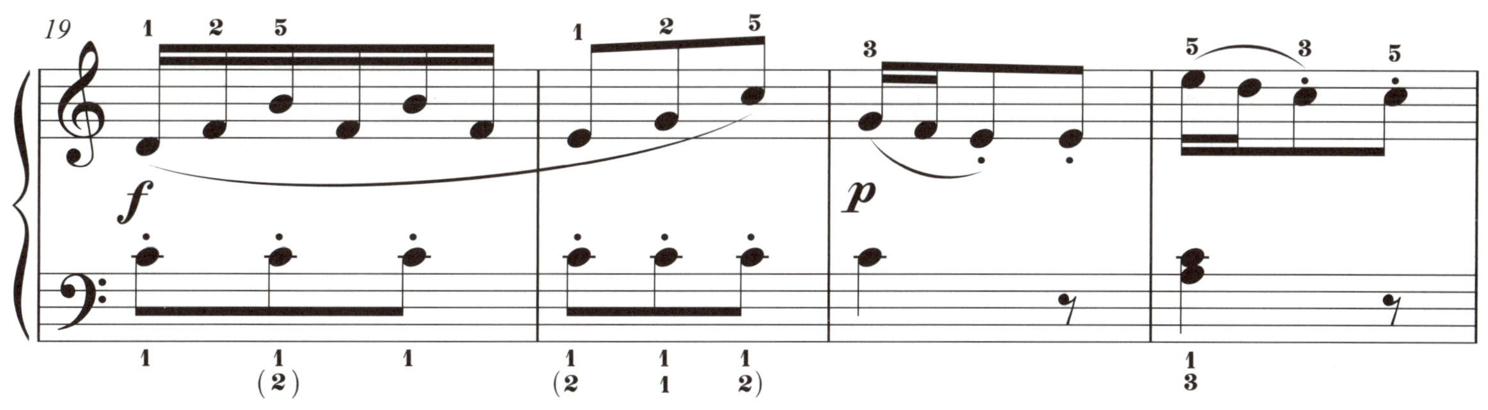

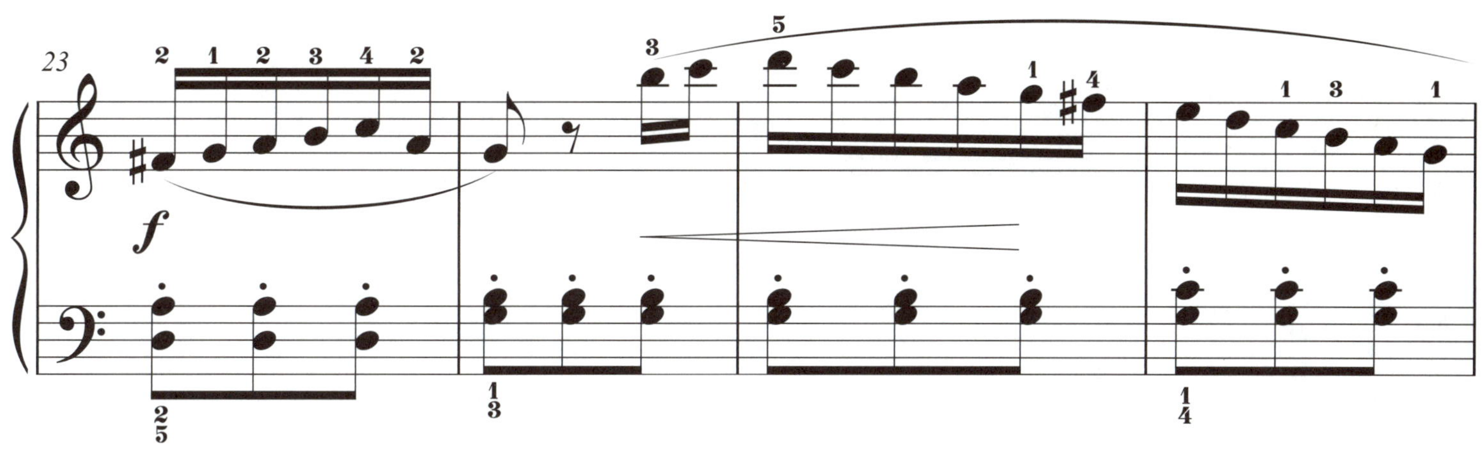

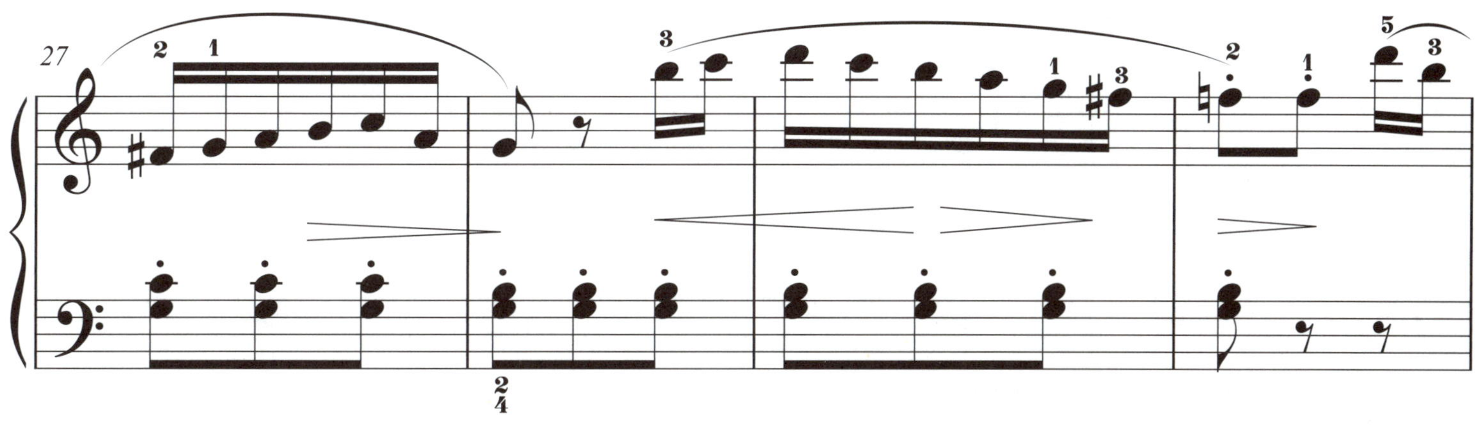

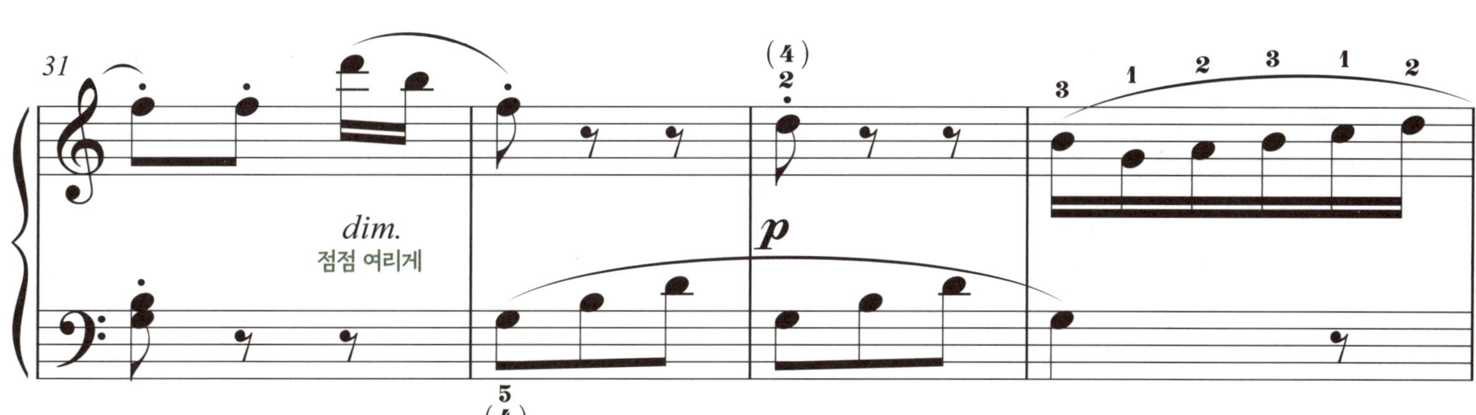
dim.
점점 여리게

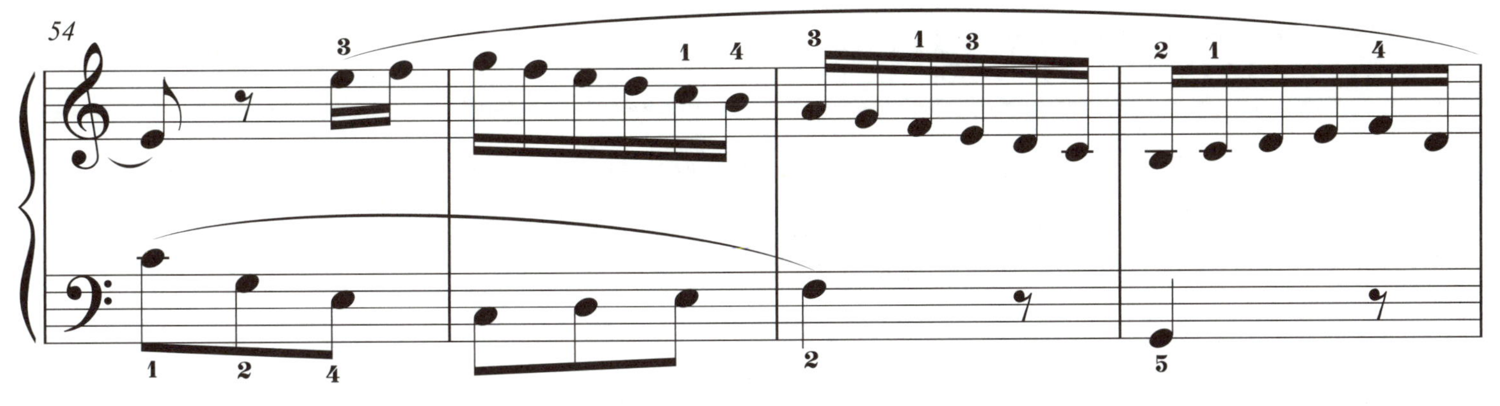

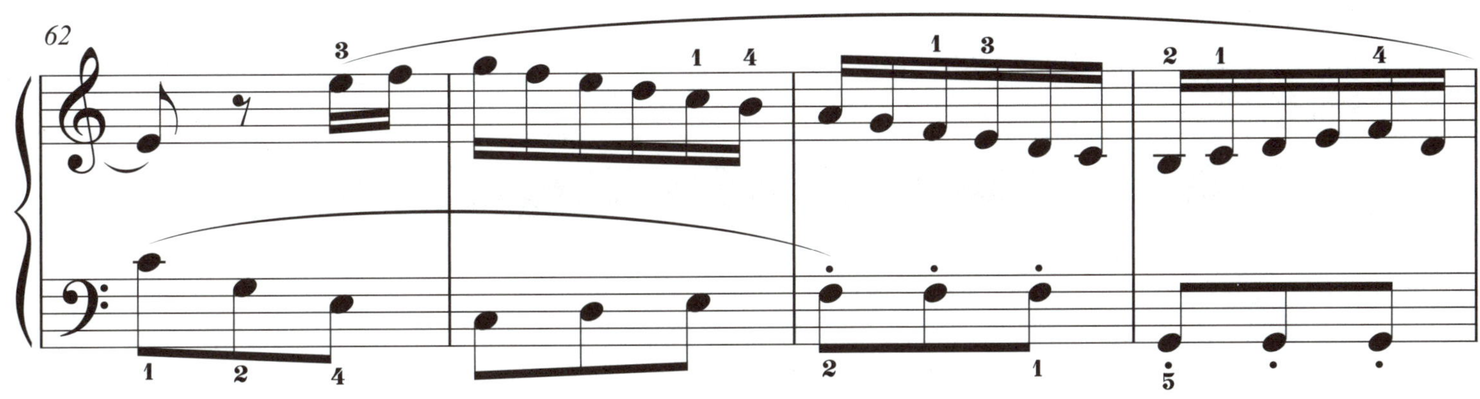

코다

 # 여러 가지 악곡 형식

'소나타'나 규모가 작은 소나타인 '소나티네'는 보통 3~4개의 독립된 악장으로 나누어져 있습니다. 마치 연극의 제1막, 제2막, 제3막처럼 제1악장, 제2악장, 제3악장 등으로 나누어져 있으며, 각 악장의 시작 부분에 악장 표시 또는 곡의 빠르기 등을 표시해 줍니다.

1. 두도막 형식
A와 B의 2부분으로 이루어져 있는 곡의 형식을 말합니다. 이를 'AB 형식'으로도 부릅니다. 각 부분은 보통 도돌이표를 사용하여 반복합니다.

2. 세도막 형식
A, B, 다시 A 부분으로 되어 있습니다. 이를 'ABA 형식'이라고도 합니다. 보통 소나티네의 제2악장에 많이 사용하는 곡의 형식입니다.

3. 론도 형식
'돈다'라는 뜻을 가진 곡의 형식입니다. 주제인 A가 다른 부주제(또는 에피소드)를 사이에 두고 반복하여 등장합니다.

2 클레멘티 소나티네 Op.36 No.1
제1악장 다(C)장조

박자 $\frac{2}{2}$ 박자

빠르기 **Allegro**(알레그로) **곡의 느낌** 빠르고 경쾌하게

곡의 형식 소나타 형식

연습과 곡의 표현

♥ 박자표 **C** 가운데에 선을 그은 것 **₵** 를 'alla breve(알라 브레베)'라고 합니다.
뜻은 2/2박자, 또는 빠른 2박자입니다.
'알라 브레베로 연주하라'는 뜻은 한 마디를 2박으로 나누어 연주하라는 뜻입니다.

♥ 1마디의 **f** 와 5마디의 **p** 의 대비 효과를 잘 살려서 표현해 보세요.

♥ 16마디부터의 전개부는 단조의 느낌을 잘 살려서 **p** 로 연주하며 작은 소리로 이야기
하듯이 표현해 보세요.

미리 맛보기

♥ **오른손 3도 같은 음형 진행**
4-2-3-1의 3도 손가락 이동을 같은 손 모양을 유지하고, 충분히 연습해서 고르게 소
리 나도록 합니다. 처음에는 천천히 손가락 번호를 외우면서 연습해 보세요.

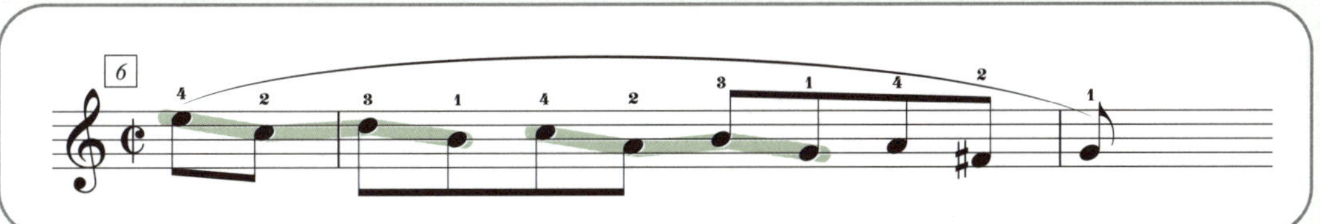

클레멘티 소나티네 Op.36 No.1
제1악장

M. Clementi

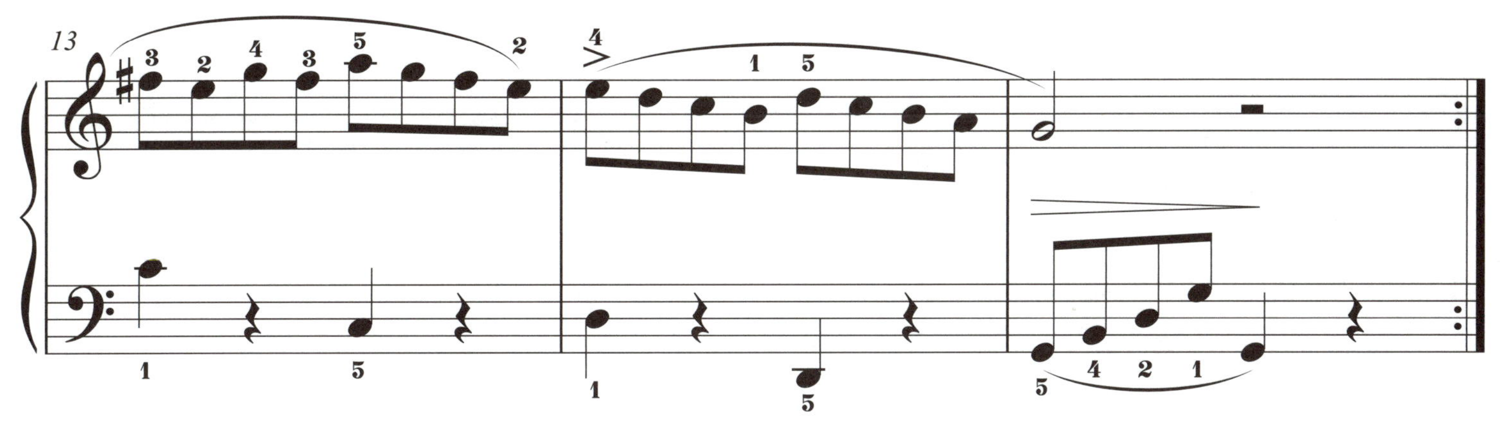

13

전개부
16

p

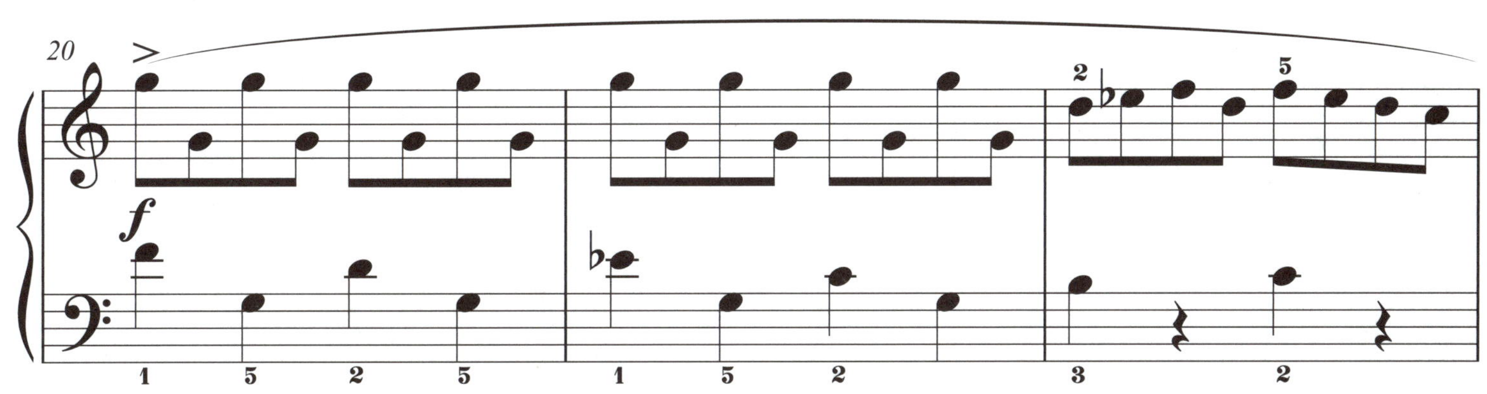

20
f

재현부 제1주제
23
p

제2주제

 쿨라우 소나티네 Op.55 No.1
제1악장 다(C)장조

박자 ¾ 박자

빠르기 **Allegro**(알레그로) **곡의 느낌** 빠르고 경쾌하게

곡의 형식 소나타 형식

연습과 곡의 표현

♥ 1~2마디와 재현부의 35~36마디, 39~40마디의 왼손은 당김음(싱코페이션)입니다.
두 번째 박에 자연스럽게 악센트가 옵니다.

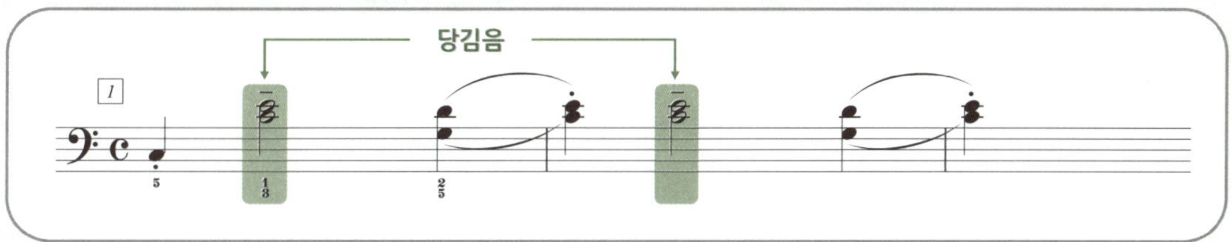

♥ 21마디부터의 전개부는 다(c)단조입니다.
음색의 변화와 함께 좀 더 부드럽게 시작하세요.

쿨라우 소나티네 Op.55 No.1
제1악장

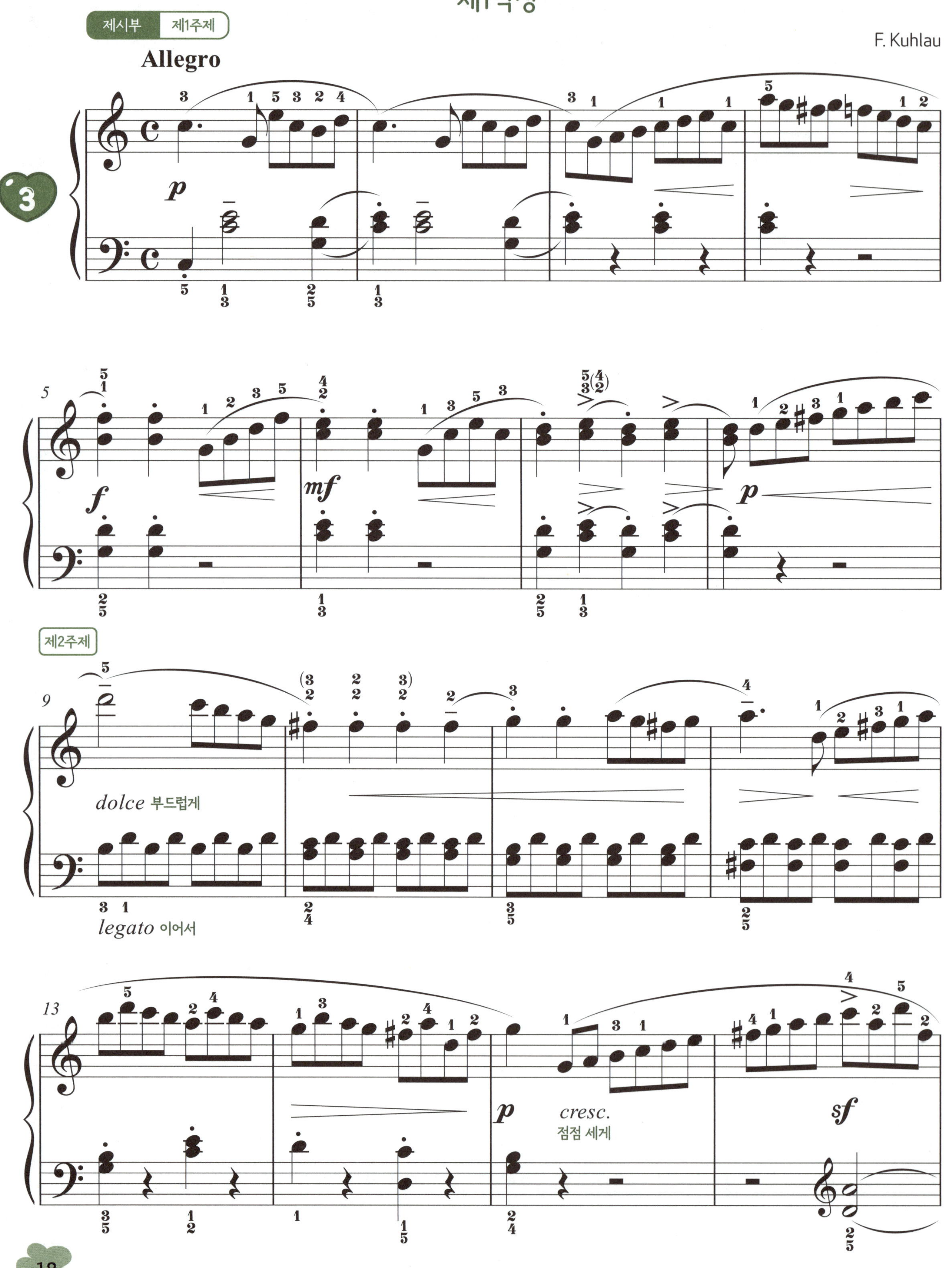

17

전개부

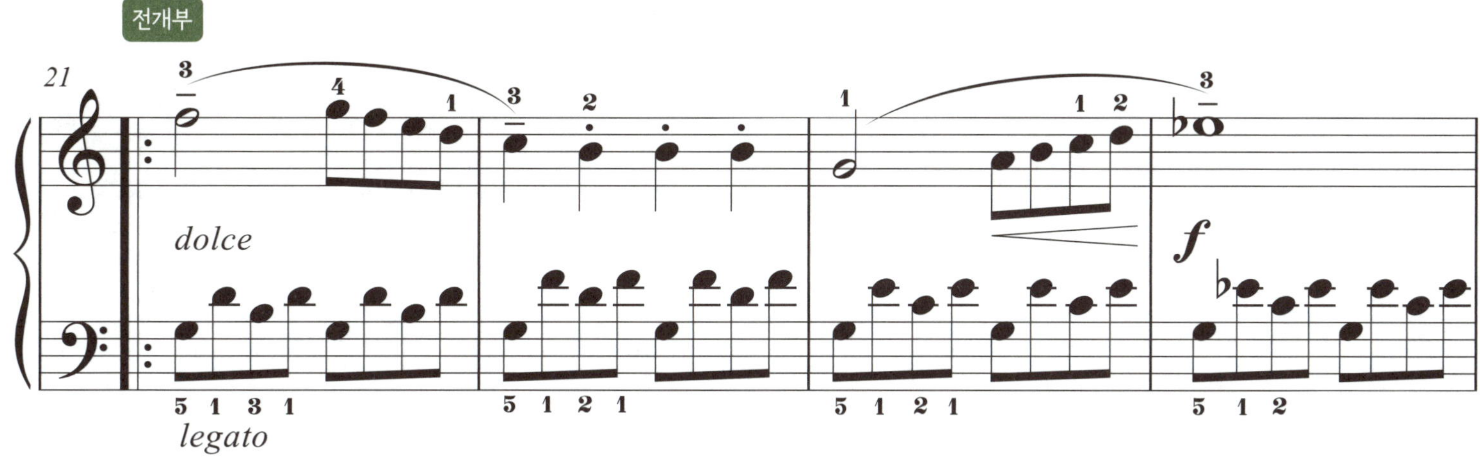

21
dolce
legato
f

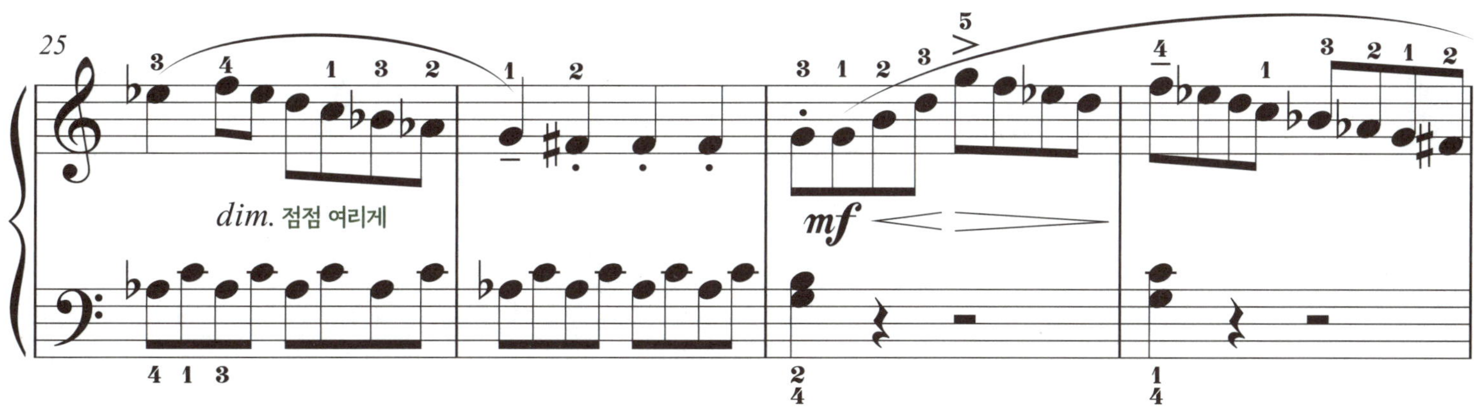

25
dim. 점점 여리게
mf

29
p
cresc.

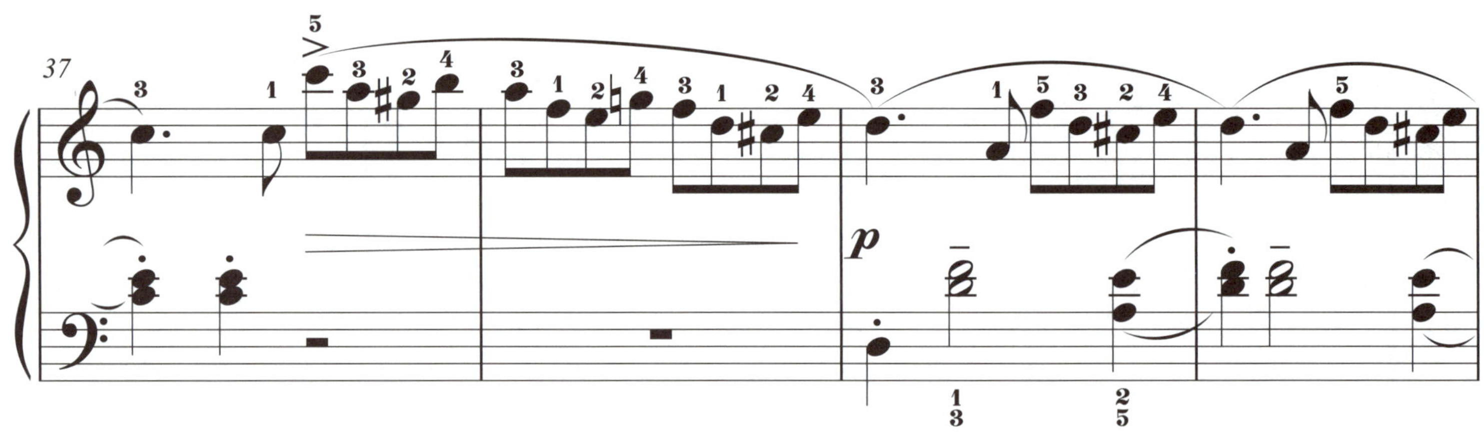
p

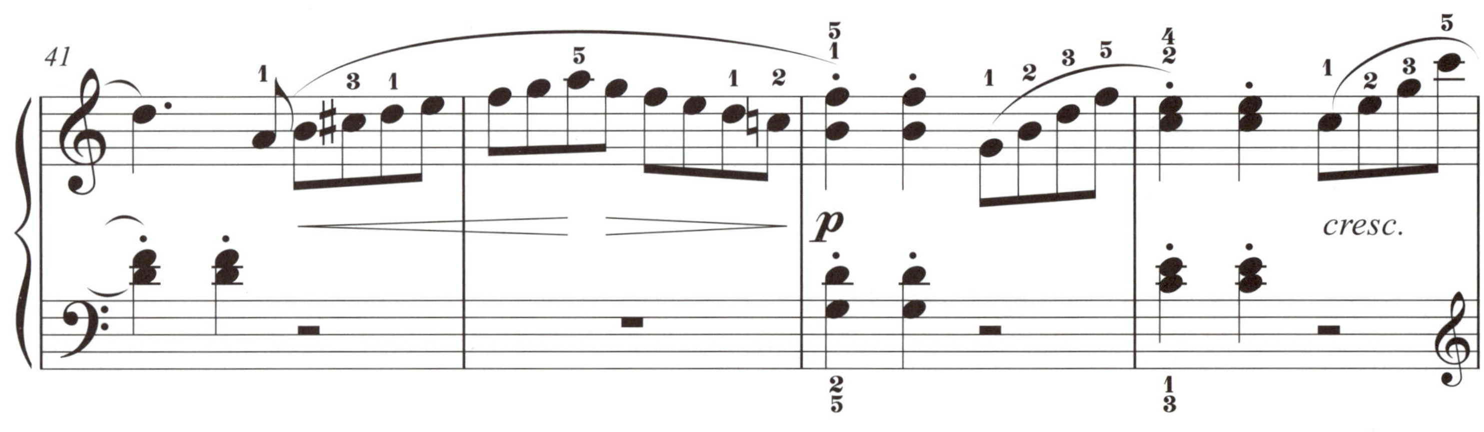
p
cresc.

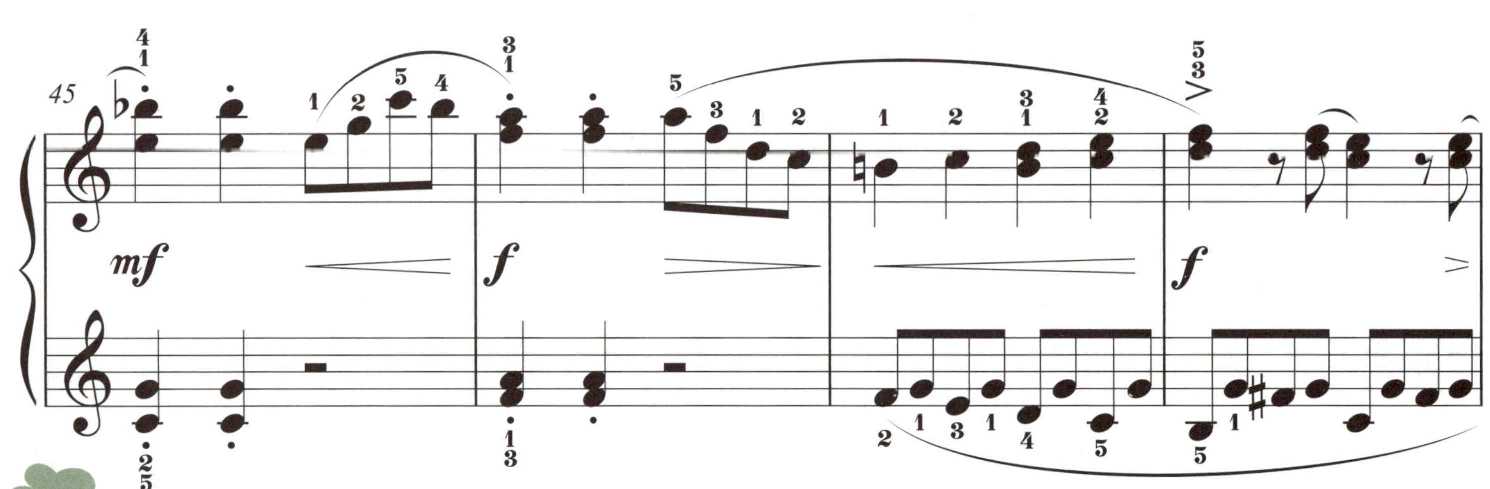
mf
f
f

제2주제
코다
49
p
dolce
legato
52
55
p
cresc.
sf
59
dim.
sf
cresc.
f

 # 소나타 형식

소나타 형식은 소나타, 협주곡, 교향곡 등 여러 악장으로 이루어진 기악곡에서 주로 제1악장 또는 마지막 악장에 쓰이는 악곡 형식입니다.
소나타 형식은 '제시부-발전부(전개부)-재현부'의 3부분으로 구성됩니다.

🍀 제시부
제1주제와 딸림조의 제2주제로 구성됩니다.

🍀 발전부
제시부 주제를 전개시키며, '전개부'라고도 합니다.

🍀 재현부
제시부의 주제를 다시 재현시키며, 제시부에서 딸림조로 조바꿈 되어 나타나던 제2주제가 재현부에서는 으뜸조로 나타납니다.

제시부		발전부	재현부	
장조일 때	단조일 때		장조일 때	단조일 때
제1주제 으뜸조	**제1주제** 으뜸조	주제를 발전 조성과 리듬의 변화	**제1주제** 으뜸조	**제1주제** 단조
제2주제 딸림조	**제2주제** 나란한 장조 (또는 딸림조)		**제2주제** 으뜸조	**제2주제** 같은 으뜸음 조 (또는 으뜸조)

4 클레멘티 소나티네 Op.36 No.3
제3악장 다(C)장조

박자 $\frac{2}{4}$ 박자

빠르기 **Allegro**(알레그로)   **곡의 느낌** 빠르고 경쾌하게

곡의 형식 겹두도막 형식

연습과 곡의 표현

♥ 오른손의 멜로디가 잘 드러나도록 왼손 스타카토는 작고 가볍게 연주하세요.

♥ 음계를 연주할 때는 손가락 번호를 잘 지키고 외우는 감각으로 연습하세요.

미리 맛보기

♥ **겹음 스타카토 반주 고르게 치기**

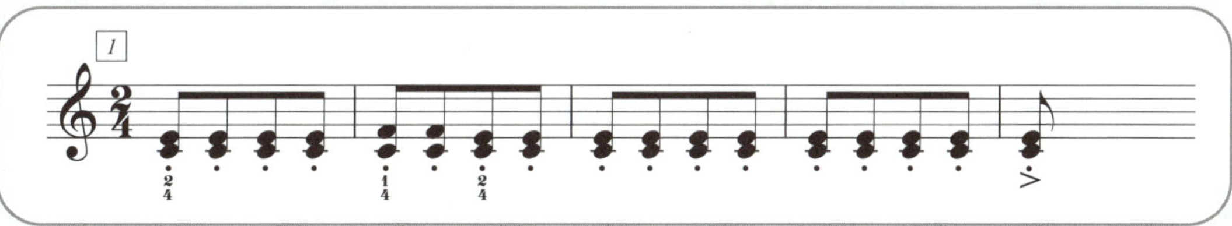

겹음 스타카토를 치는 왼손은 손가락을 바로 세우고 건반의 반동을 이용하여 일정한
힘으로 칩니다.
손가락이 건반에서 멀리 떨어지지 않게 하고, 건반과 같이 상하운동을 하세요.

클레멘티 소나티네 Op.36 No.3
제3악장

M. Clementi

B
16
fz
p
20
fz
p
fz
24
fz
p
28
fz
mf
25

32
p
36
40
dim.
p
pp
A
45
p
26

49
f
dim.
53
p
57
f
B'
61
fz
p
27

코다

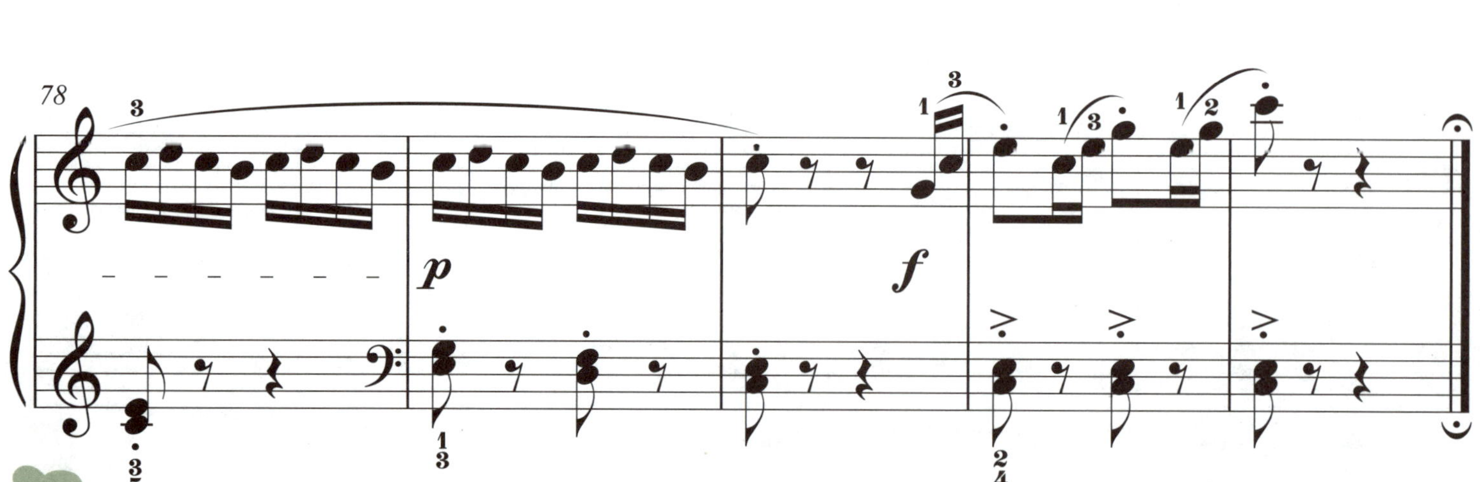

5 클레멘티 소나티네 Op.36 No.2
제3악장 사(G)장조

박자　$\frac{3}{8}$ 박자

빠르기　**Allegro**(알레그로)　　　**곡의 느낌**　빠르고 경쾌하게

곡의 형식　겹세도막 형식

연습과 곡의 표현

♥ 빠른 3박자의 템포를 잘 지켜서 4마디 단위의 프레이징으로 연주하세요. 왼손 *legato* 부분도 4마디씩 또는 같은 음형 펼침화음 반주가 끝나는 곳까지 이어서 연주하세요.

♥ 곡이나 악장이 끝날 때 끝세로줄 위에 페르마타(◠)를 붙이기도 합니다.
이 경우 페르마타는 마침표로 사용됩니다.

미리 맛보기

♥ **꾸밈음 트릴(𝑡𝑟) 연주**

오른손을 먼저 충분히 연습한 후, 왼손의 리듬에 맞춰 연습하세요. 마지막 2개 음은 다음 마디와 자연스럽게 이어질 수 있도록 가볍게 연주하세요.

클레멘티 소나티네 Op.36 No.2
제3악장

M. Clementi

A'

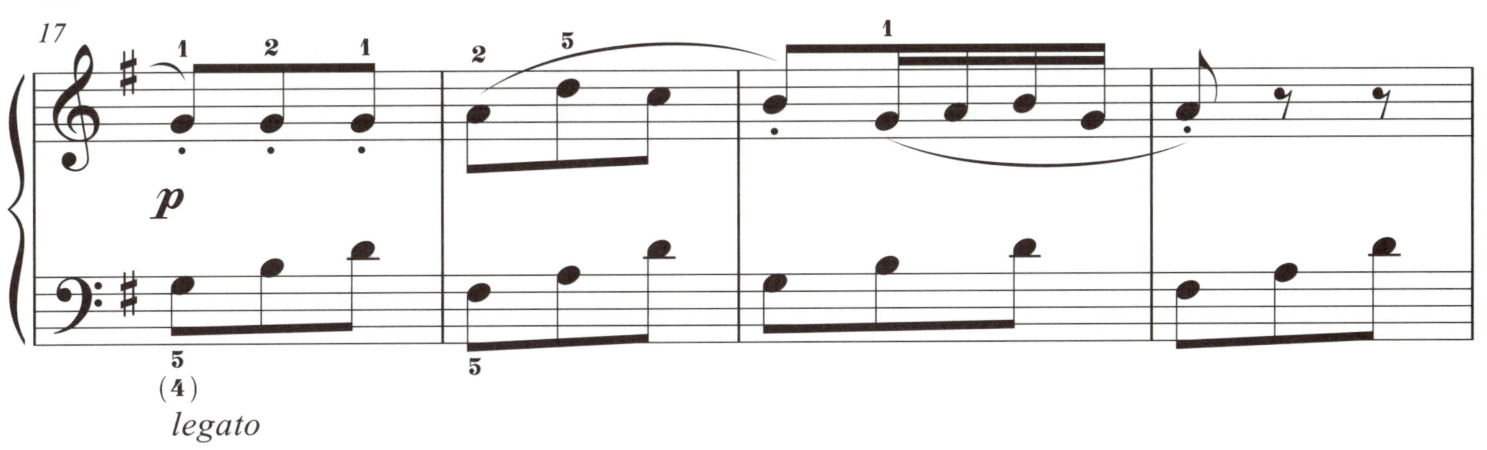
17
p
legato
(4)

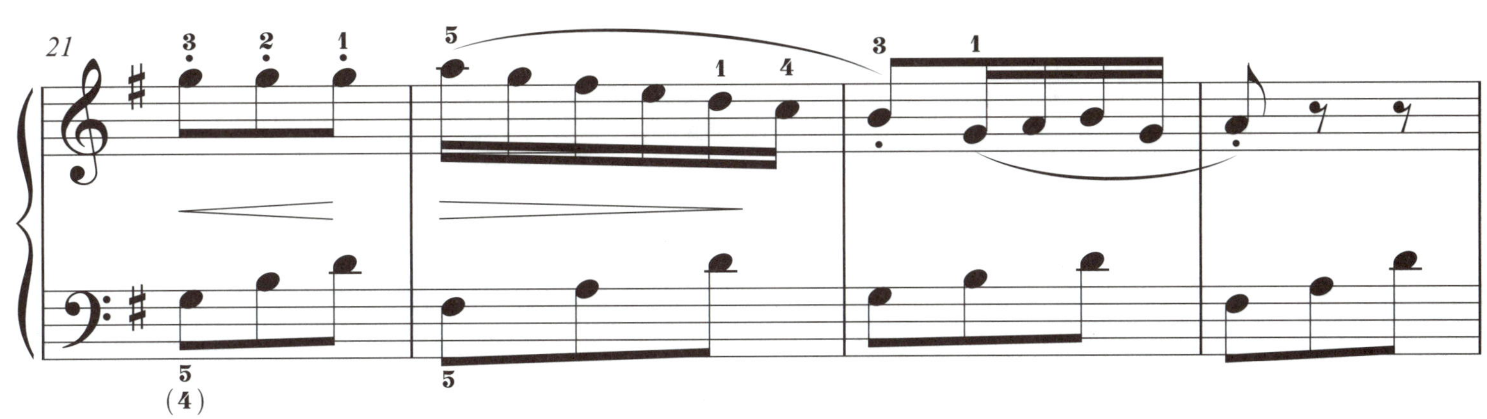
21
(4)

25
연결구

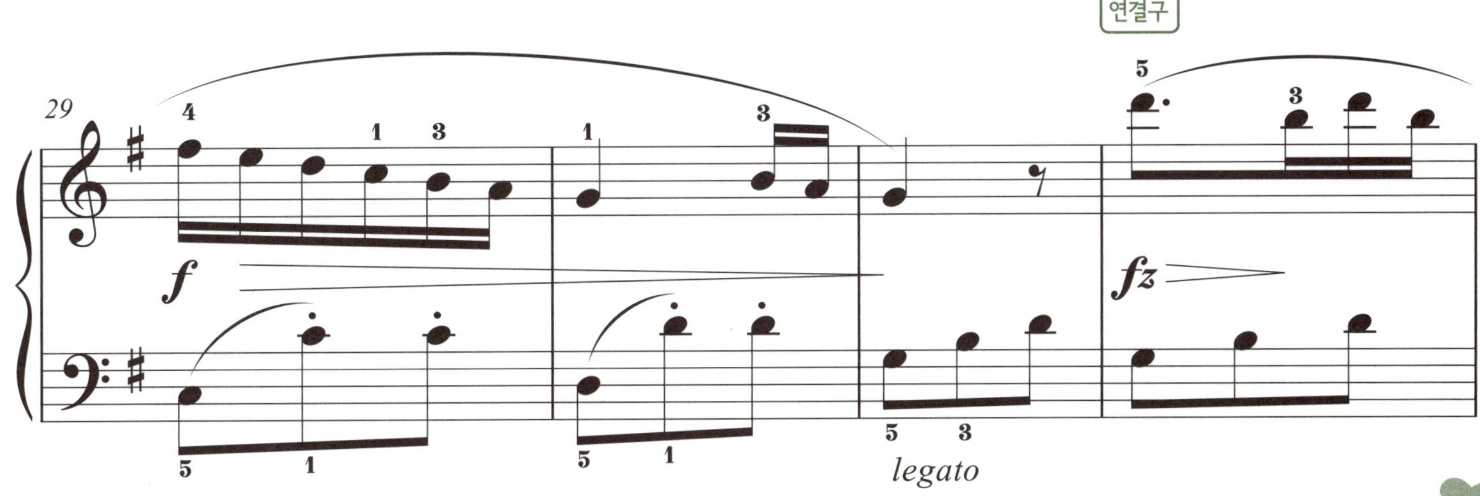
29
f
fz
legato

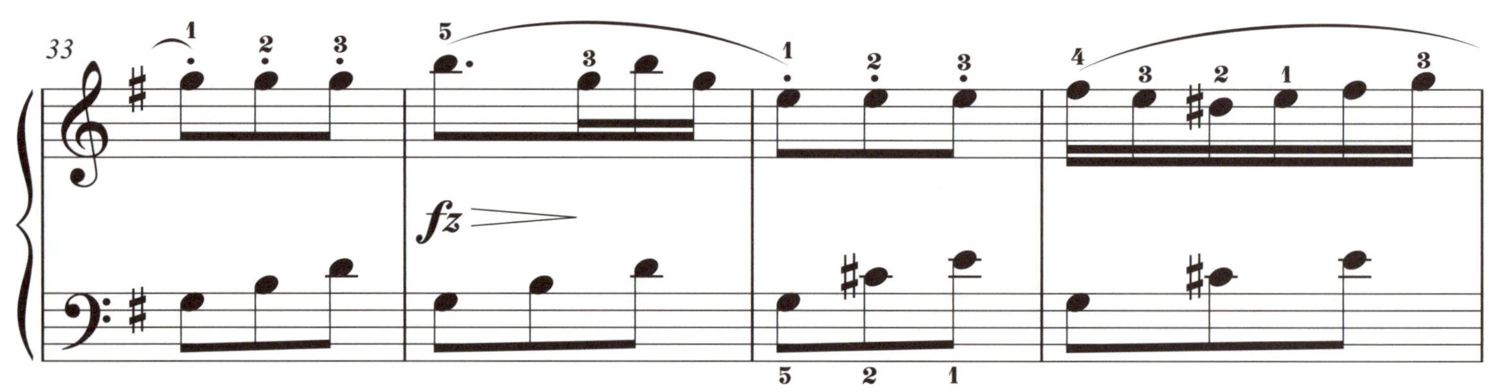

fz

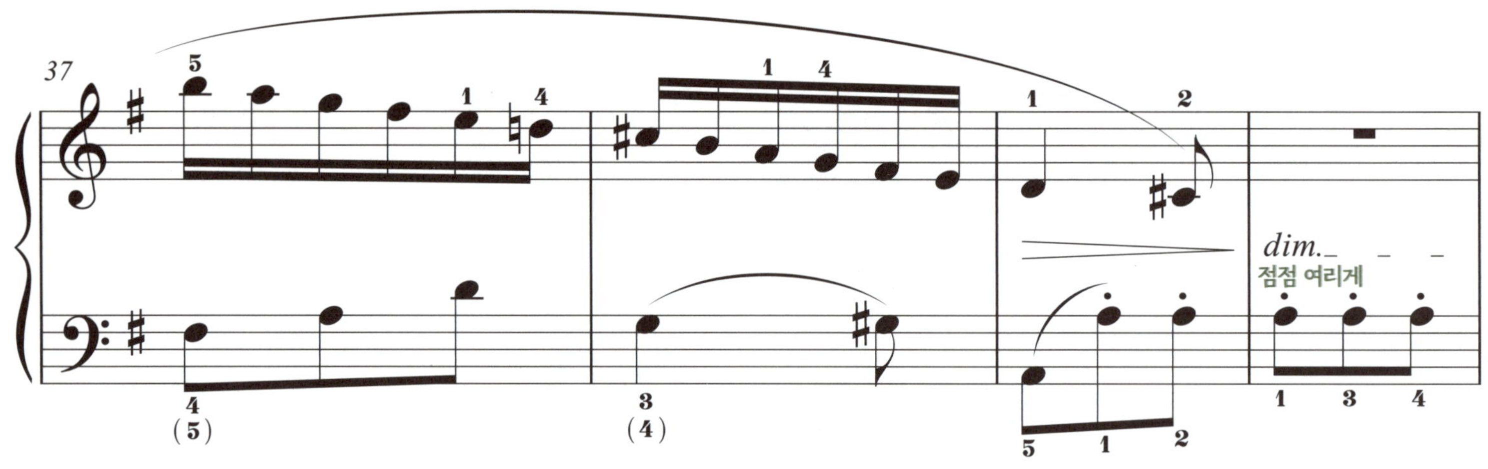

dim.
점점 여리게

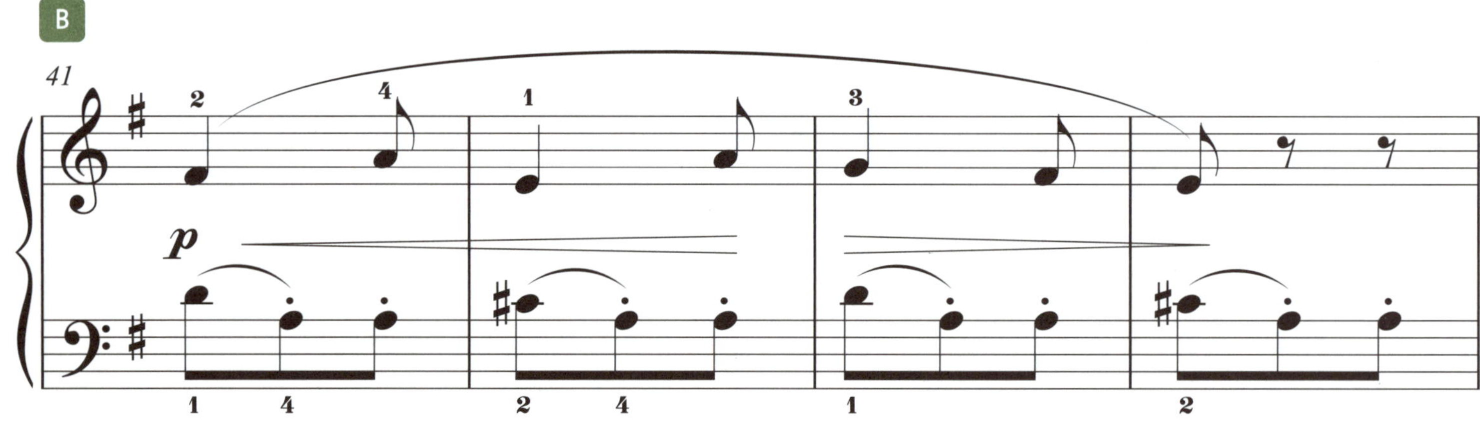

B
p

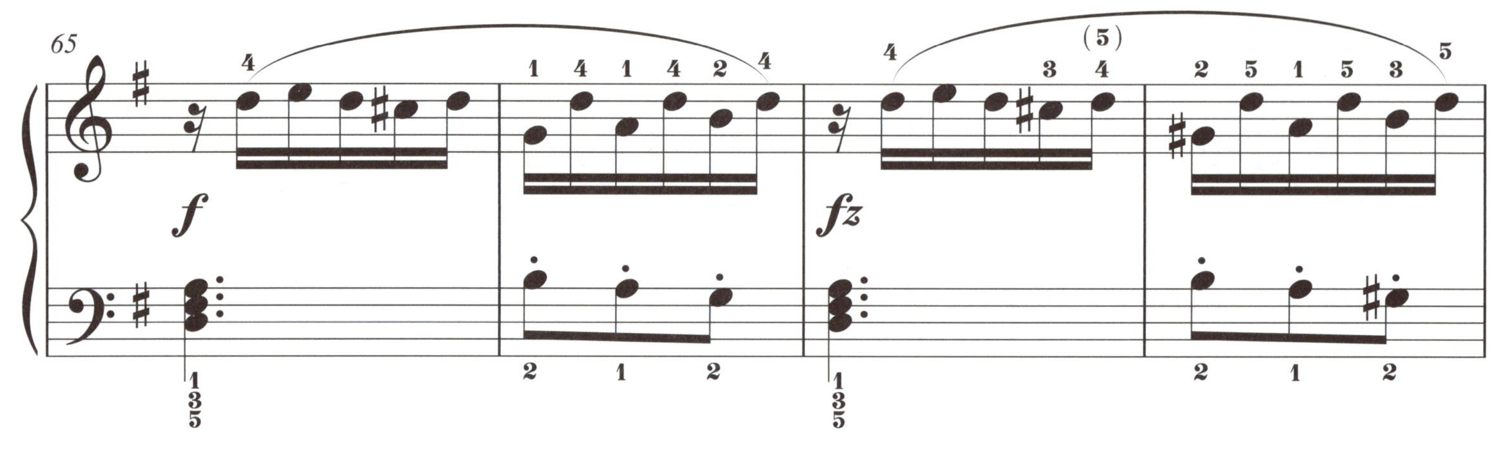
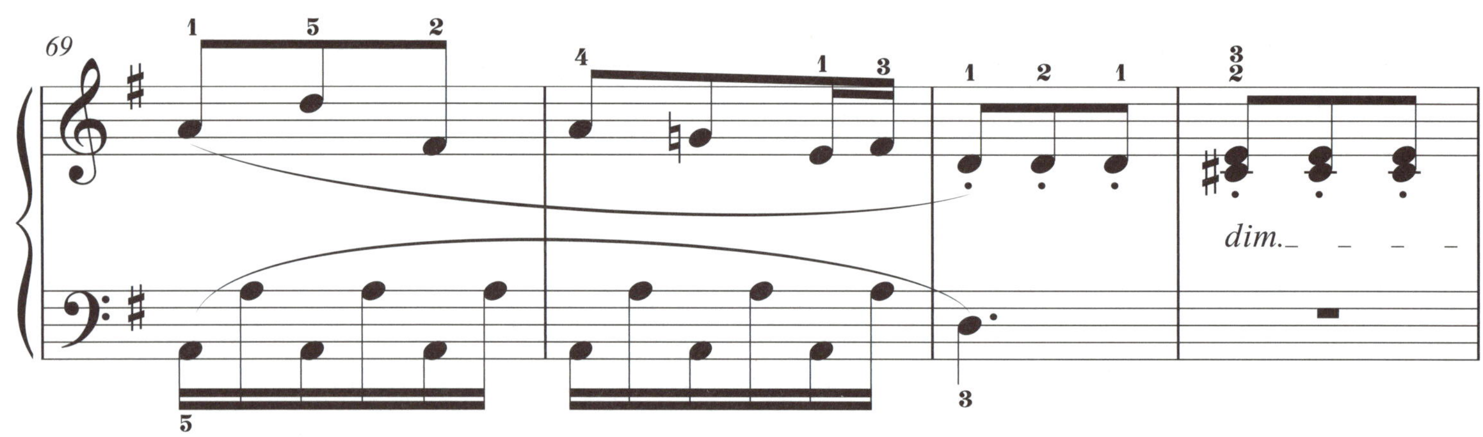
dim.
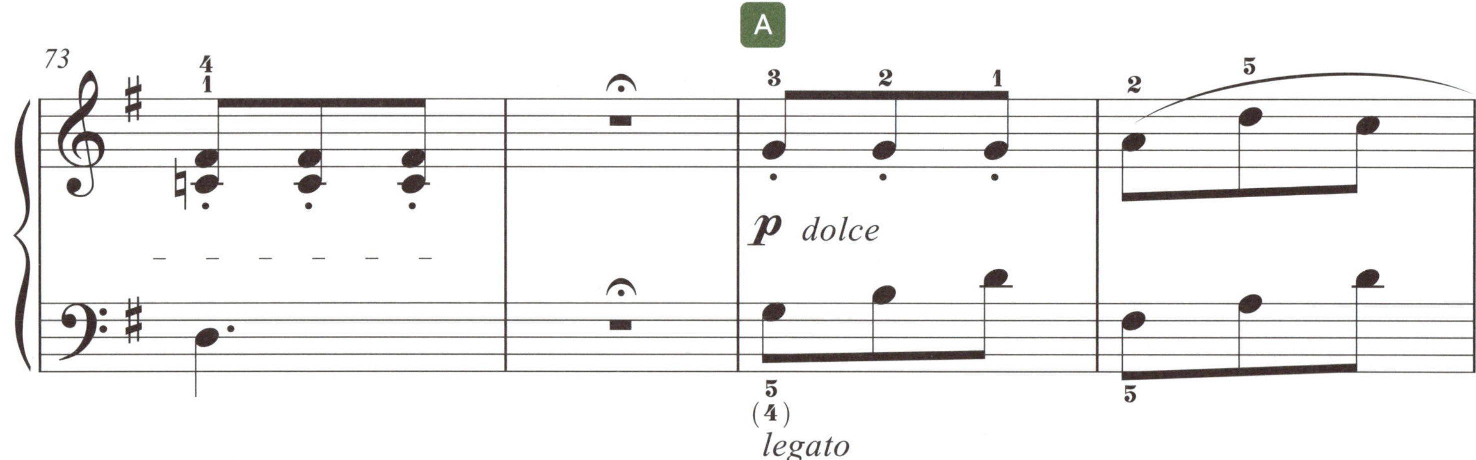
A
p dolce
legato
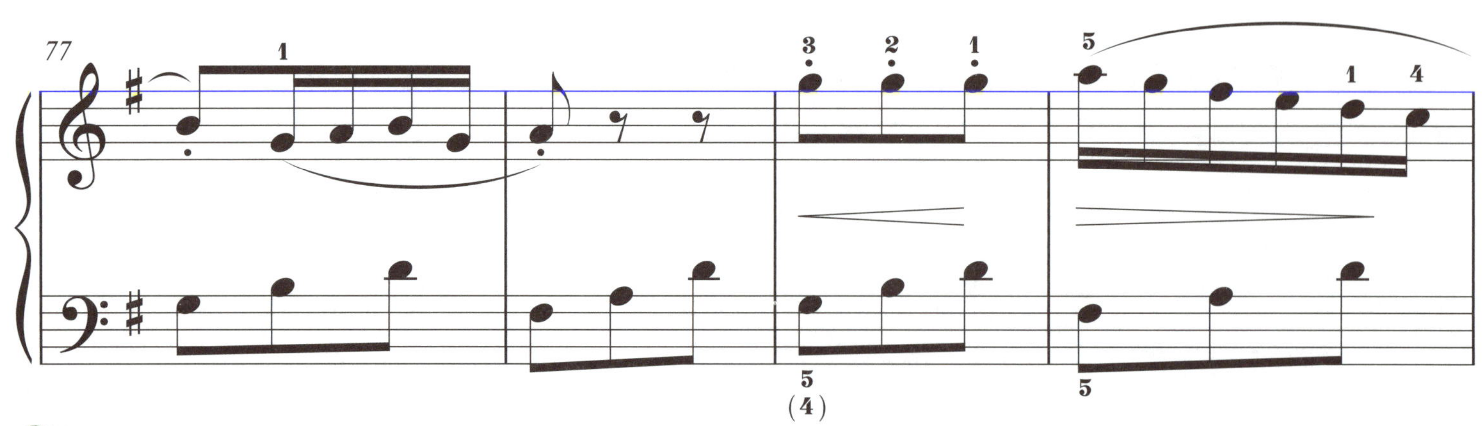

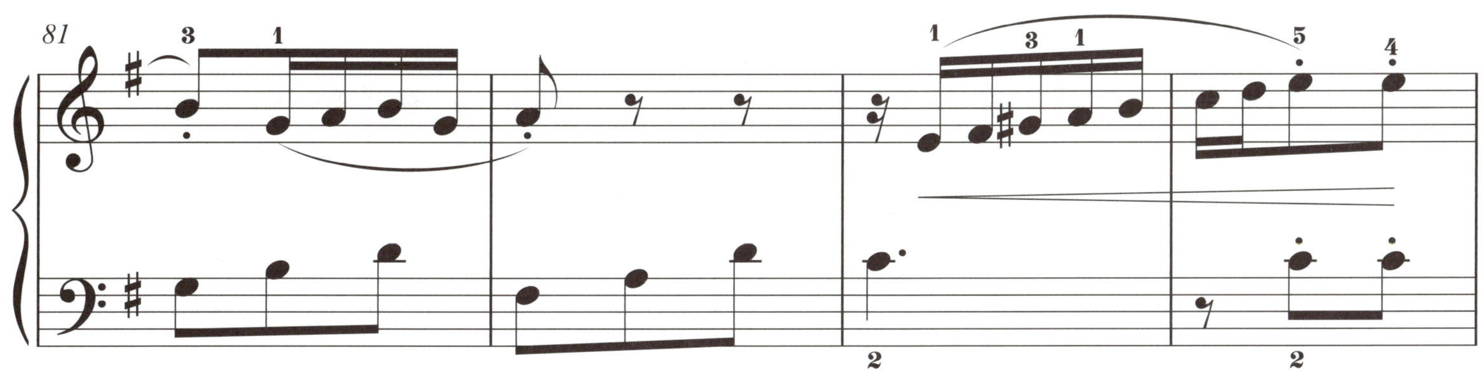

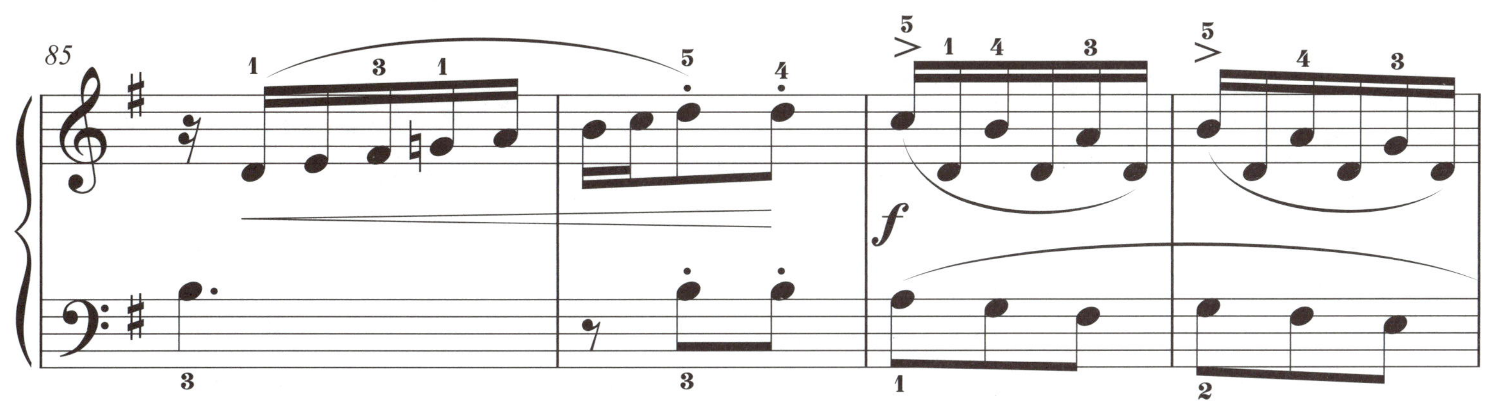

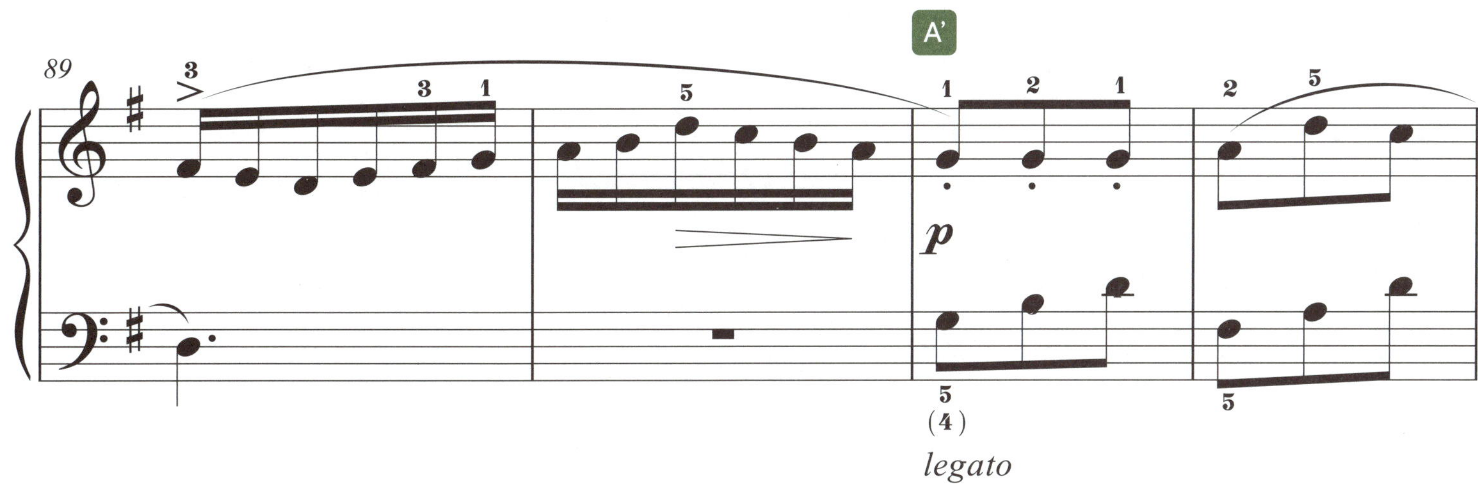
A'
p
legato
(4)

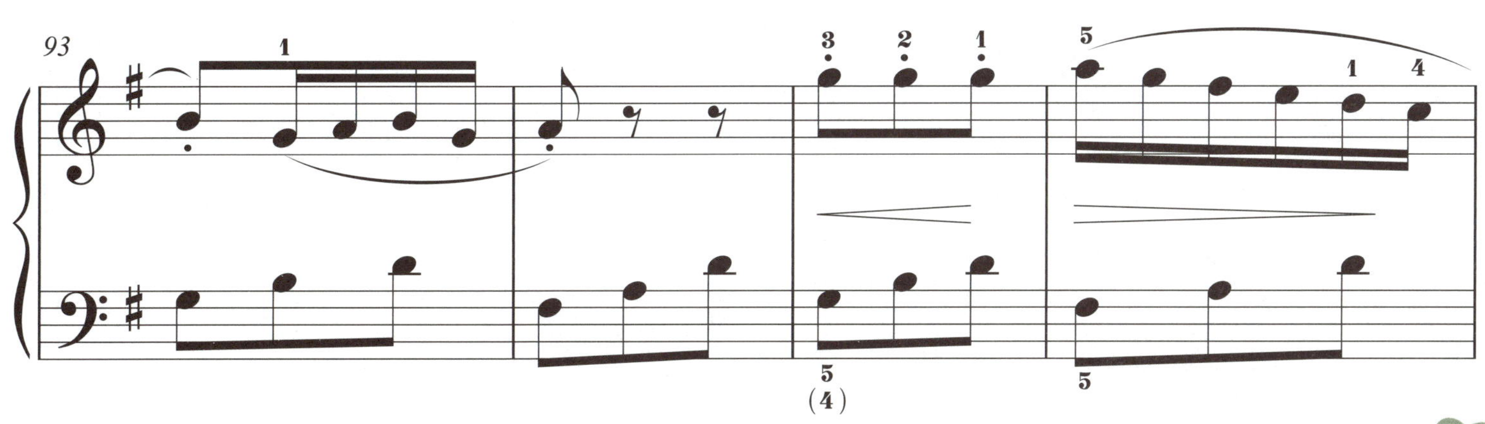
(4)

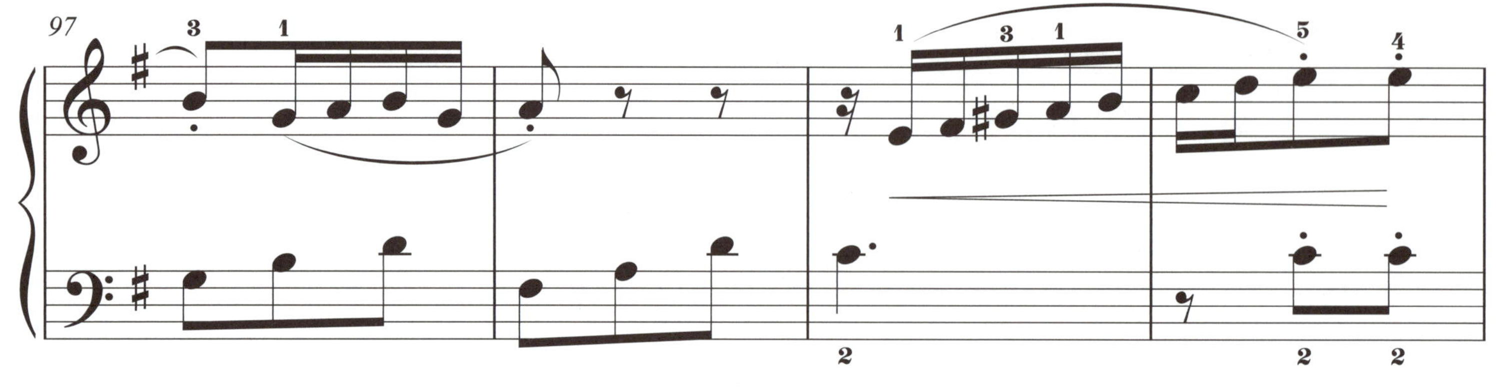

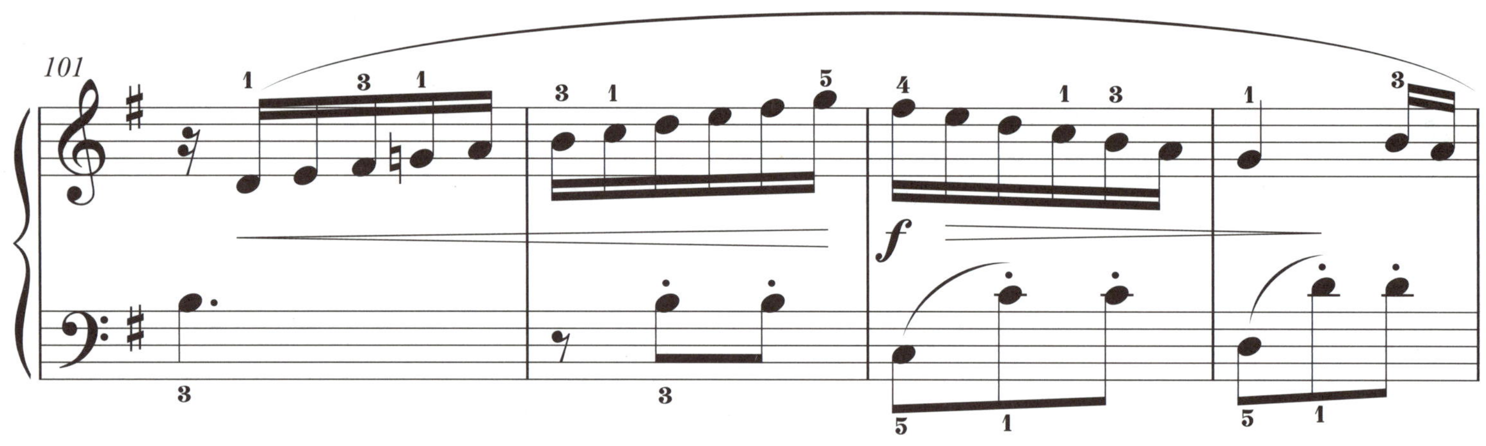

코다

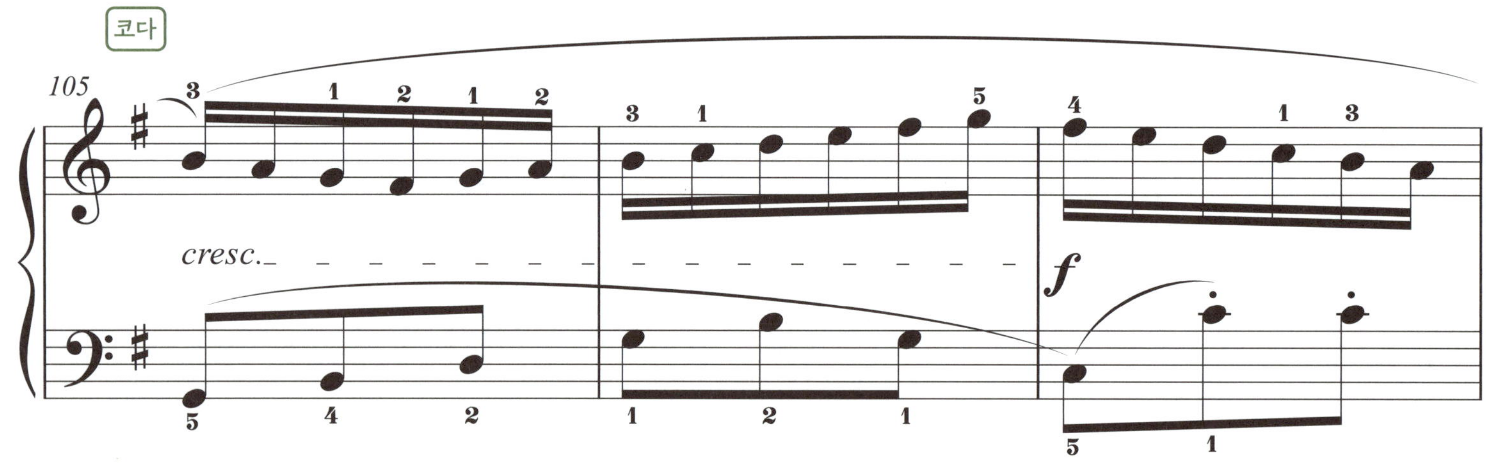
cresc.

6 쿨라우 소나티네 Op.55 No.1
제2악장 다(C)장조

박자 $\frac{3}{8}$ 박자

빠르기 Vivace(비바체)

곡의 느낌 아주 빠르고 생기있게

곡의 형식 론도 형식

연습과 곡의 표현

♥ 빠른 3박자의 템포를 잘 지켜서 4마디 단위의 프레이징으로 연주하세요.

♥ 빠른 반음계는 손가락 번호를 외우면서 연습하세요.

♥ C 부분은 바장조로 시작하며 조표 플랫(♭)이 붙습니다.
오른손 멜로디를 따라 노래 부르면서 *dolce*(돌체, 부드럽게)를 살려 부드럽게 시작하세요.

미리 맛보기

♥ **반음계 고르게 치기**

반음계는 흰건반과 검은건반을 계속 교대로 칩니다. 흰건반은 1번, 검은건반은 3번 손가락을 사용하고, 가운데 검은건반이 없을 때는 1, 2번으로 사용합니다.
처음에는 손가락 번호를 읽으면서 천천히 시작하여 점차 빠르기를 더해 가세요.

클라우 소나티네 Op.55 No.1
제2악장

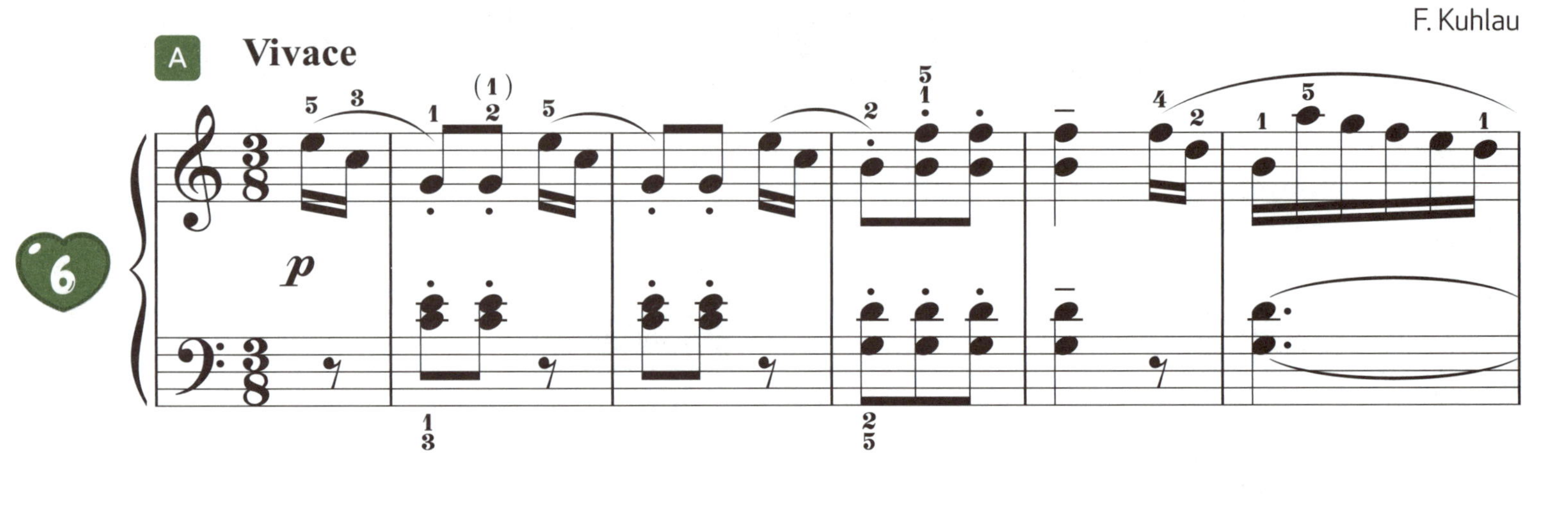

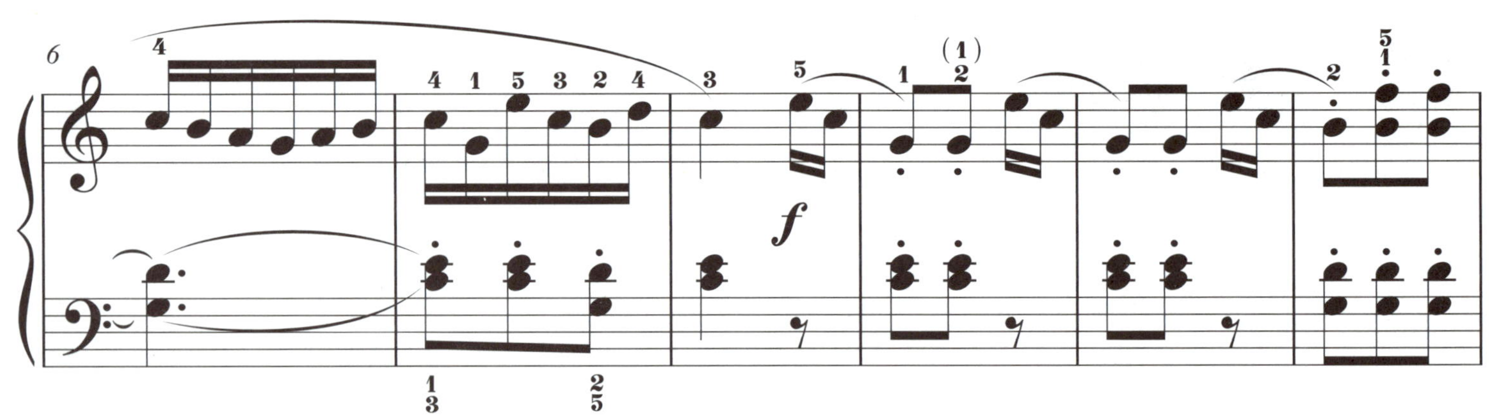

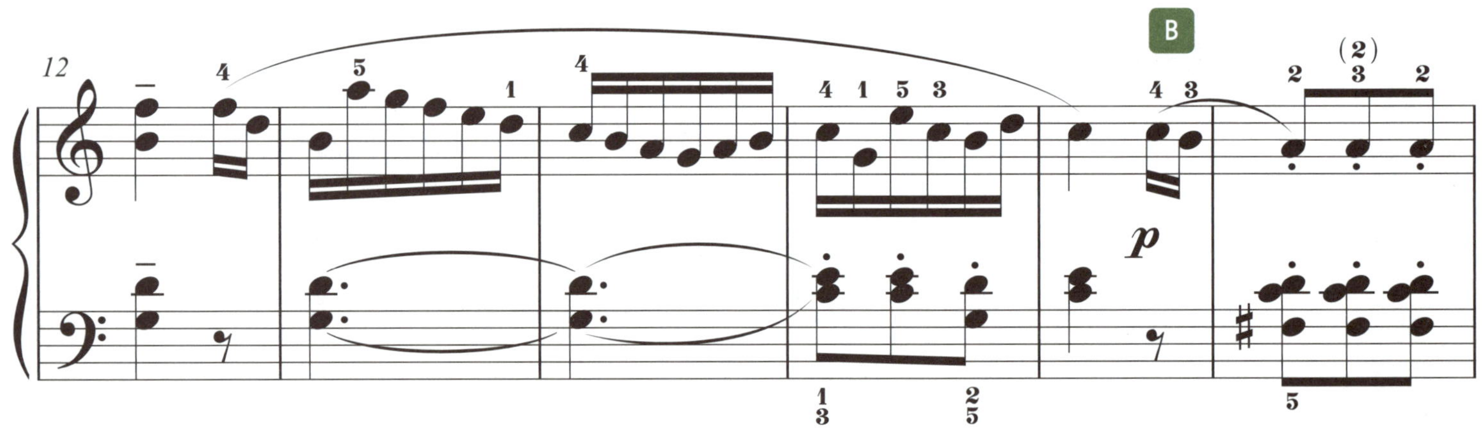

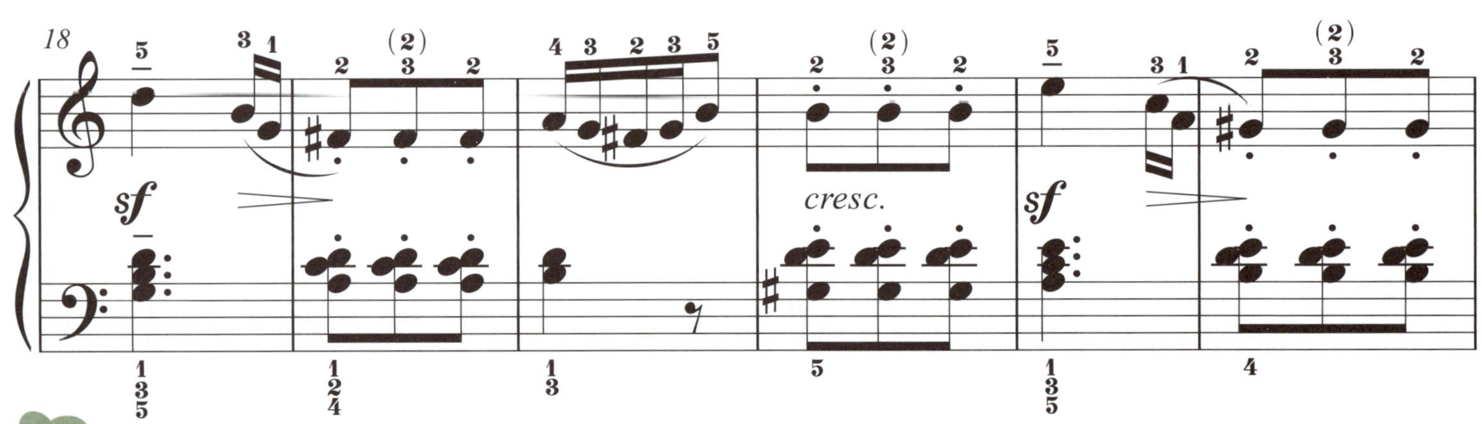

poco a poco cresc.
조금씩 점점 세게
8va
(8va)
A
dim.
p
f
f
p

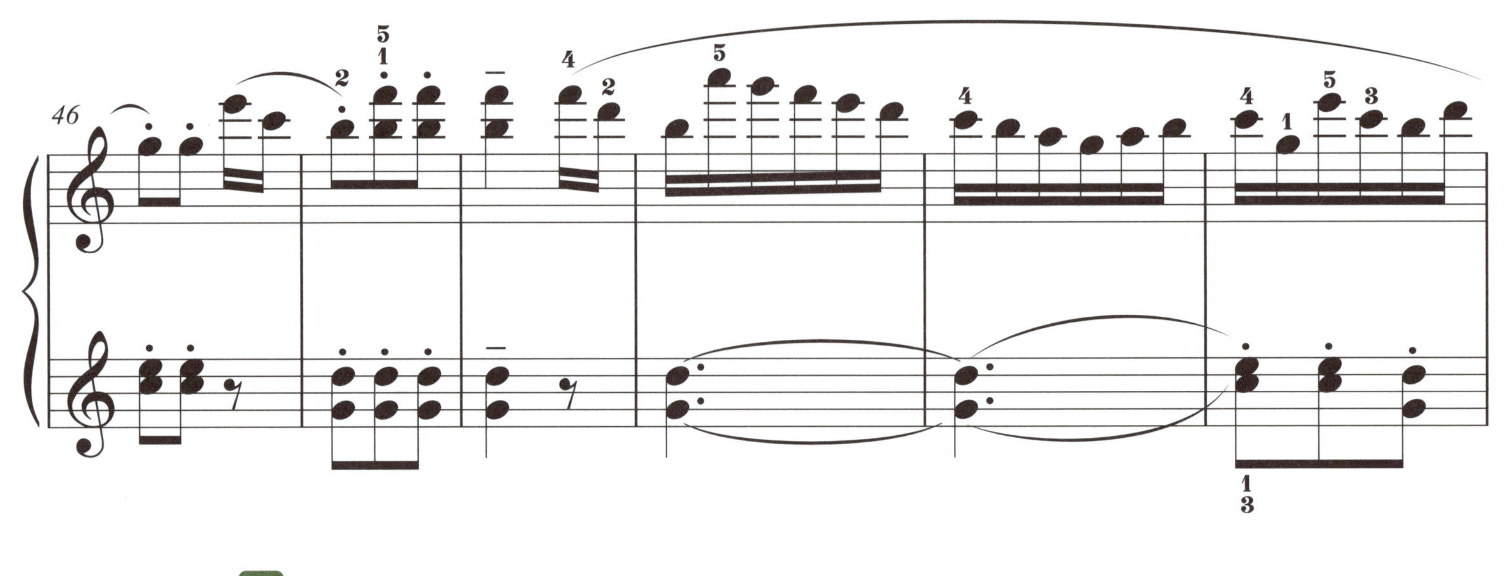

C
dolce 부드럽게
p legato 이어서

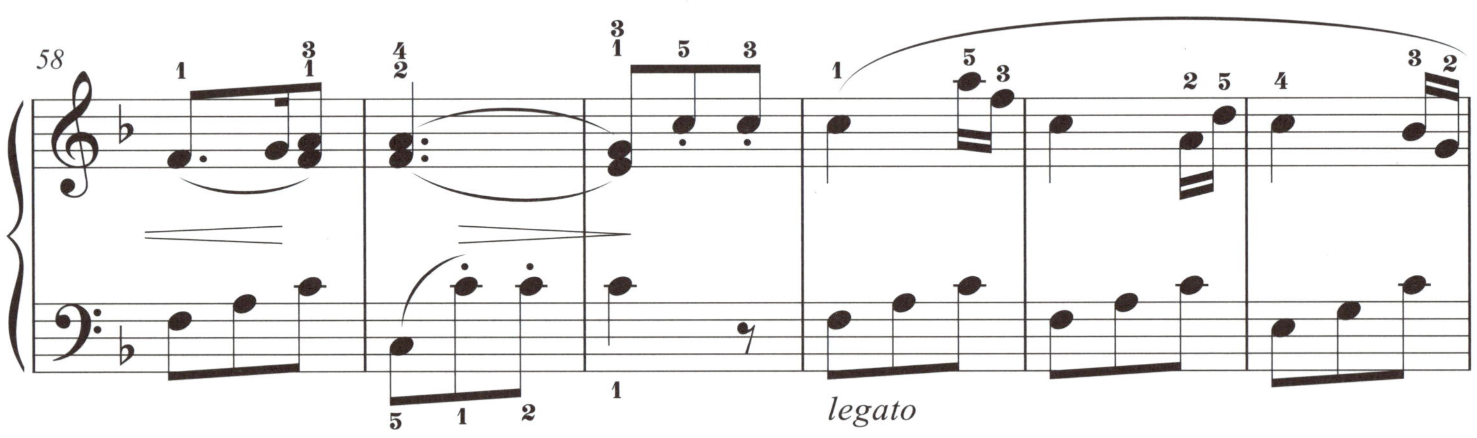
legato

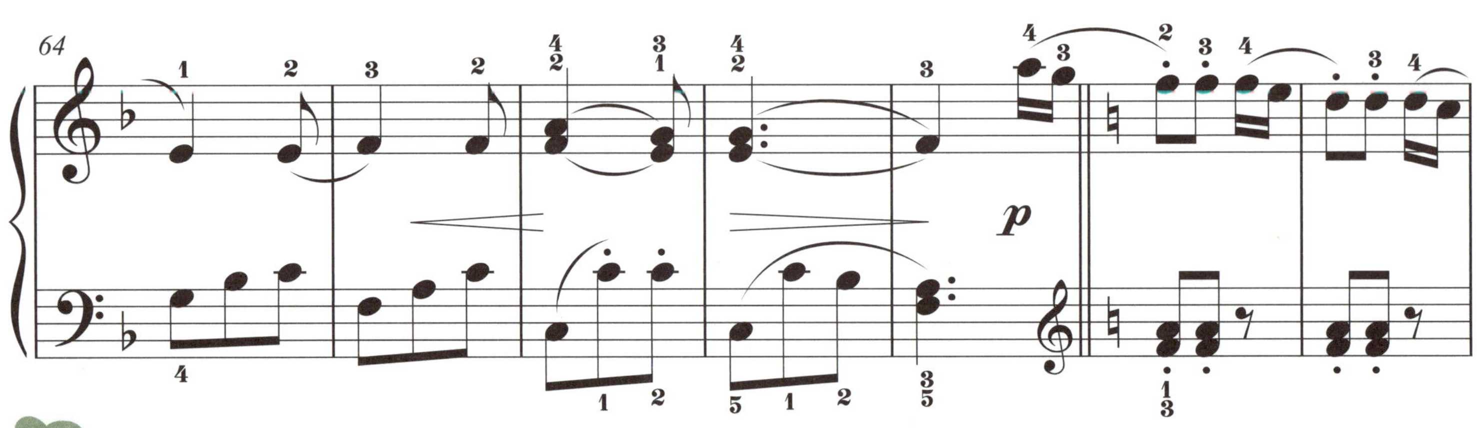
p

A
B'
71
77
83
89
p
p
p
sf
cresc.
sf
f
41

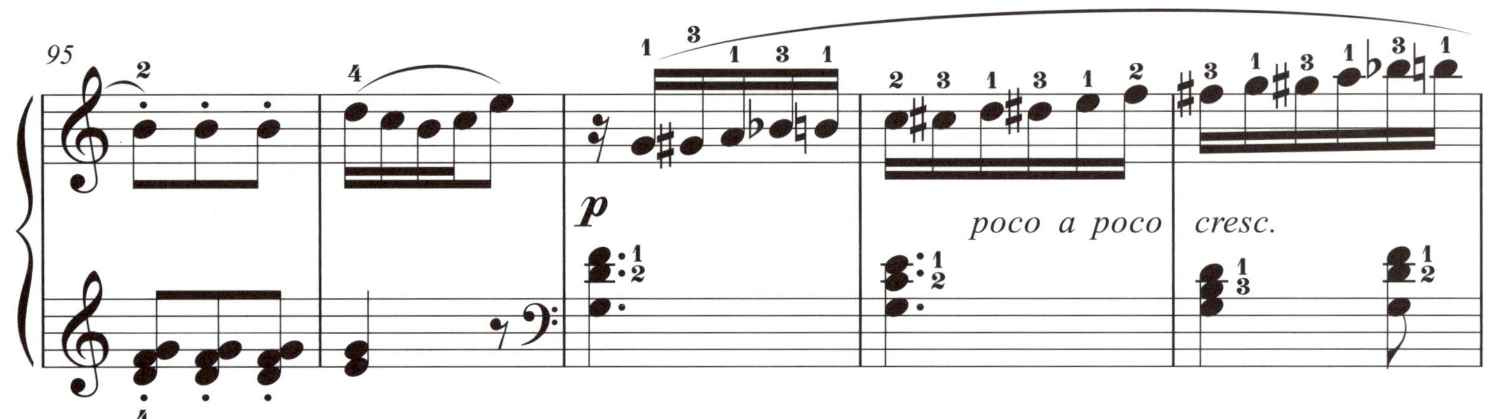
95
p
poco a poco   cresc.

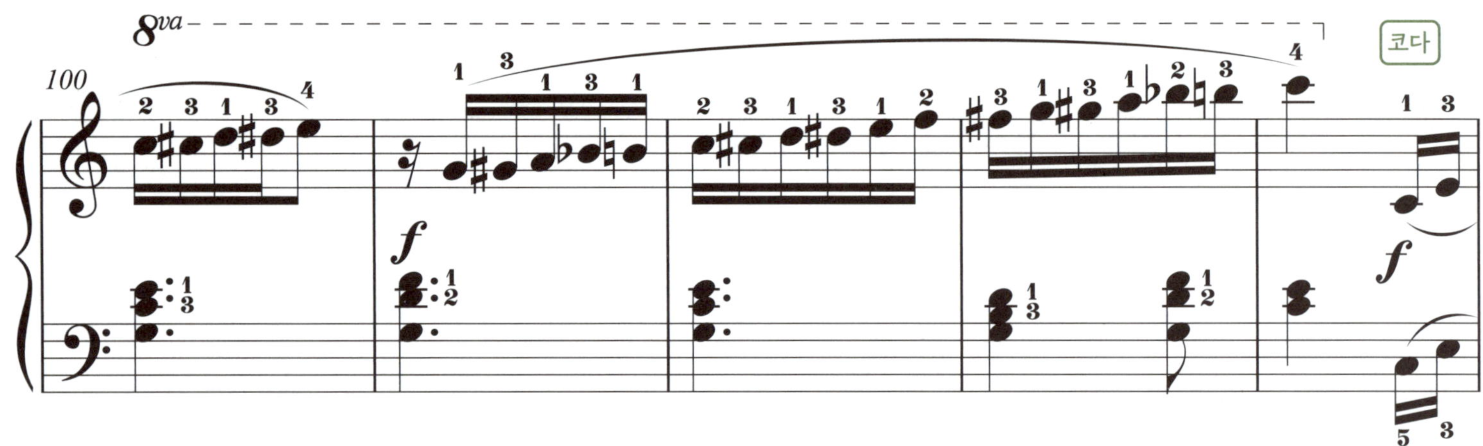
8va
코다
100
f
f

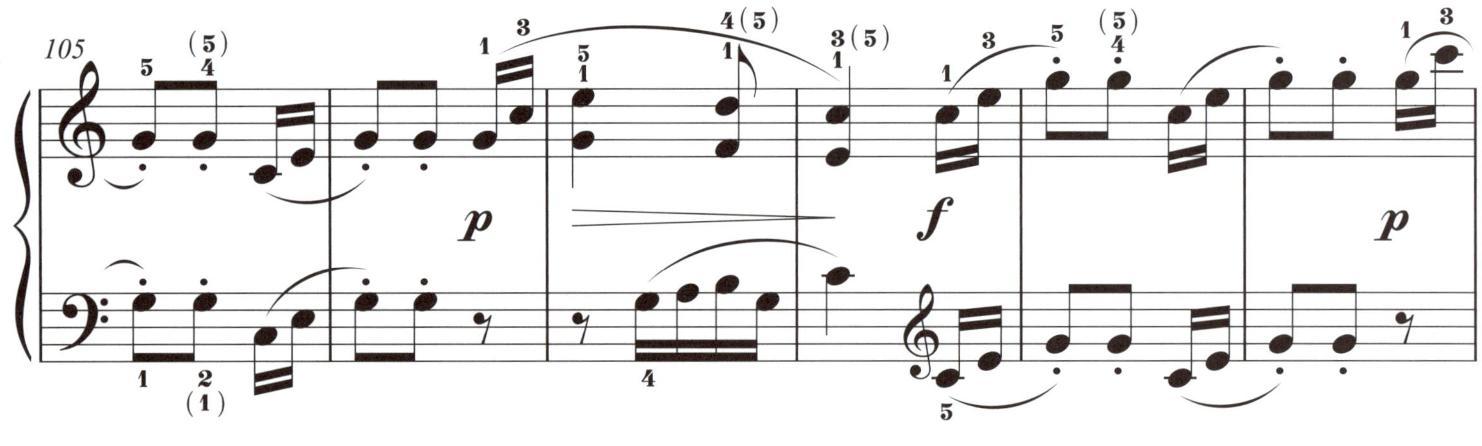
105
p
f
p

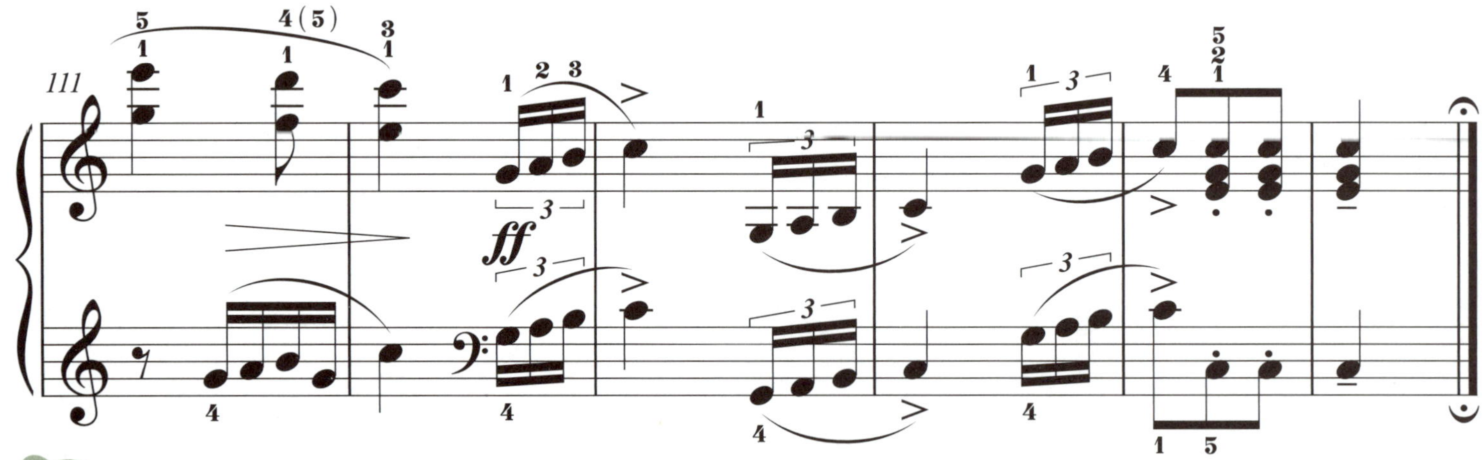
111
ff

7 클레멘티 소나티네 Op.36 No.2 제1악장 사(G)장조

박자 $\frac{2}{4}$ 박자

빠르기 **Allegretto**(알레그레토)   **곡의 느낌** 조금 빠르고 밝게

곡의 형식 소나타 형식

연습과 곡의 표현

♥ 제1주제는 두 음을 연결한 슬러의 표현과 >에 이어지는 p 등 주제의 표정을 살려서 연주하세요.

♥ 제2주제는 짧은 음계형으로 되어 있습니다. 손가락 번호를 외워서 연습하여 음계가 끝나는 부분에서 정확하게 매듭지어 주세요.

미리 맛보기

♥ **두 음 슬러의 표현**

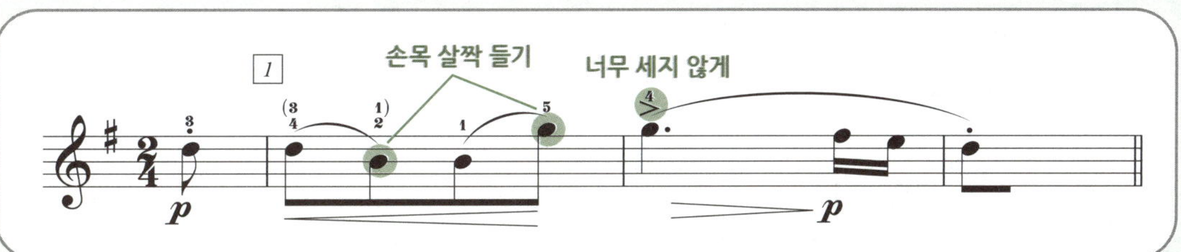

시작하는 음은 약간 강조하여 치고 이어지는 두 번째 음은 끊어주는 느낌으로 손목을 살짝 들어주세요.

클레멘티 소나티네 Op.36 No.2
제1악장
M. Clementi
제시부
제1주제
Allegretto
legato
이어서
제2주제
mp
cresc.
점점 세게
f
제시부
제1주제
cresc.
44

전개부
재현부
제1주제
18
23
28
33
f
p
cresc.
dim.
p
cresc.
p
f
p
legato
45

제2주제
코다
46

8 벤다 소나티나 No.3
제1악장 가(a)단조

박자 : $\frac{2}{4}$박자

빠르기 : **Allegro**(알레그로) **곡의 느낌** : 빠르고 경쾌하게

곡의 형식 : 다 카포(**Da Capo**)에 의한 세도막 형식

연습과 곡의 표현

♥ 제1주제 첫째 마디의 빠른 펼침화음은 양손을 이어서 레가토, 둘째 마디의 6도 겹음은 스타카토로 대조를 이루어 연주하세요.

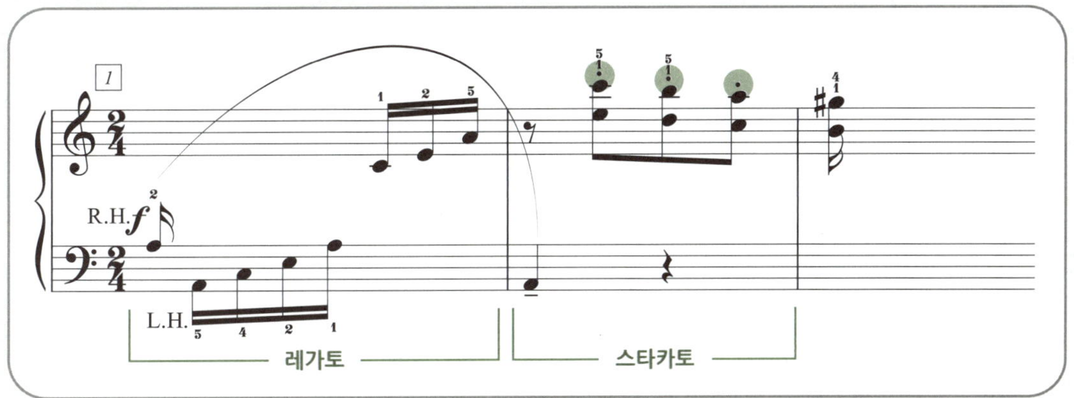

♥ R.H.는 오른손으로, L.H.는 왼손으로.

♥ 제2주제에서는 왼손이 반복되는 음형을 연주하는 오른손을 넘나들며 경쾌하게 (*leggiero*) 나타납니다. 오른손은 고르게, 왼손은 건반의 반동을 이용하여 가볍게 연주하세요.

벤다 소나티나 No.3
제1악장

J. Benda

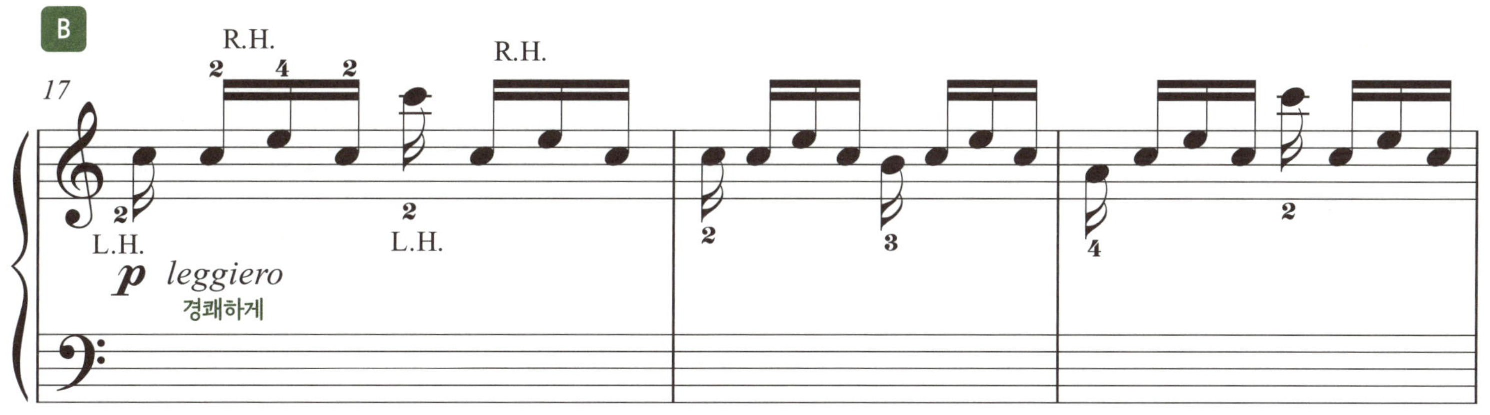
B
17
R.H.
R.H.
L.H.
L.H.
p leggiero
경쾌하게

20

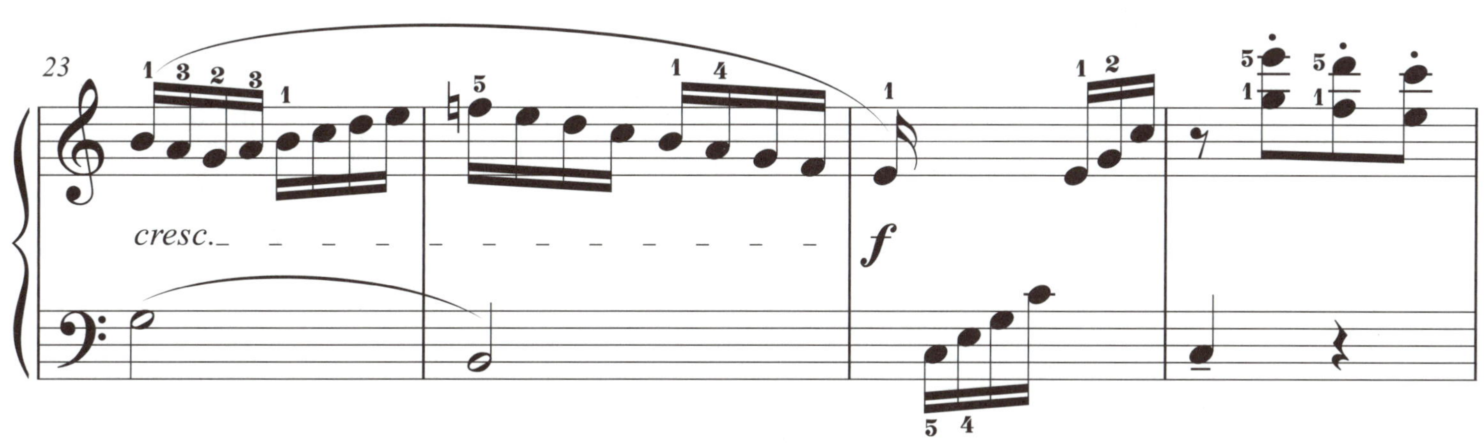
23
cresc.
f

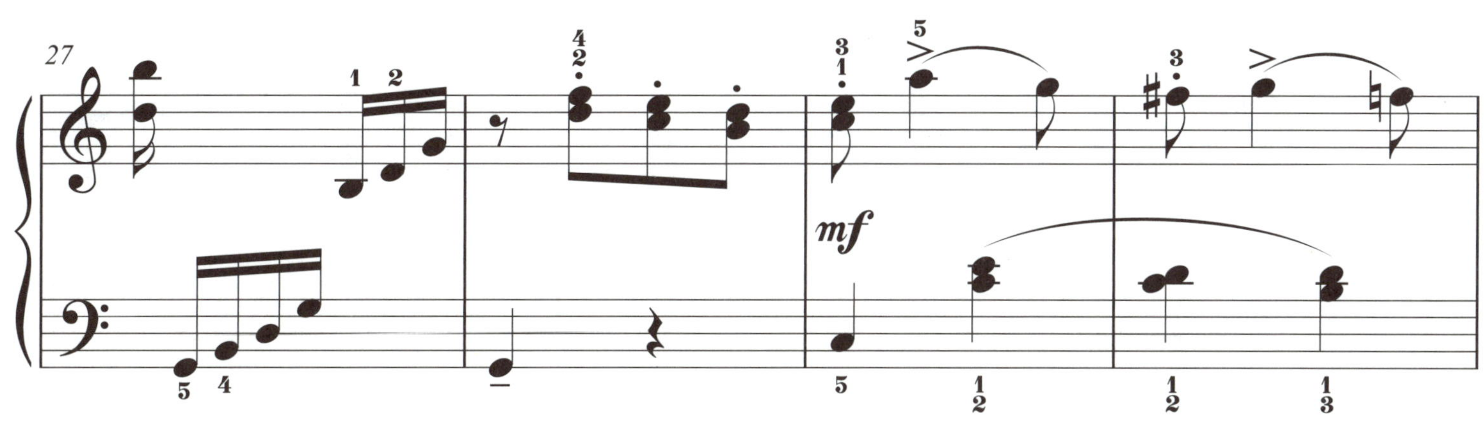
27
mf

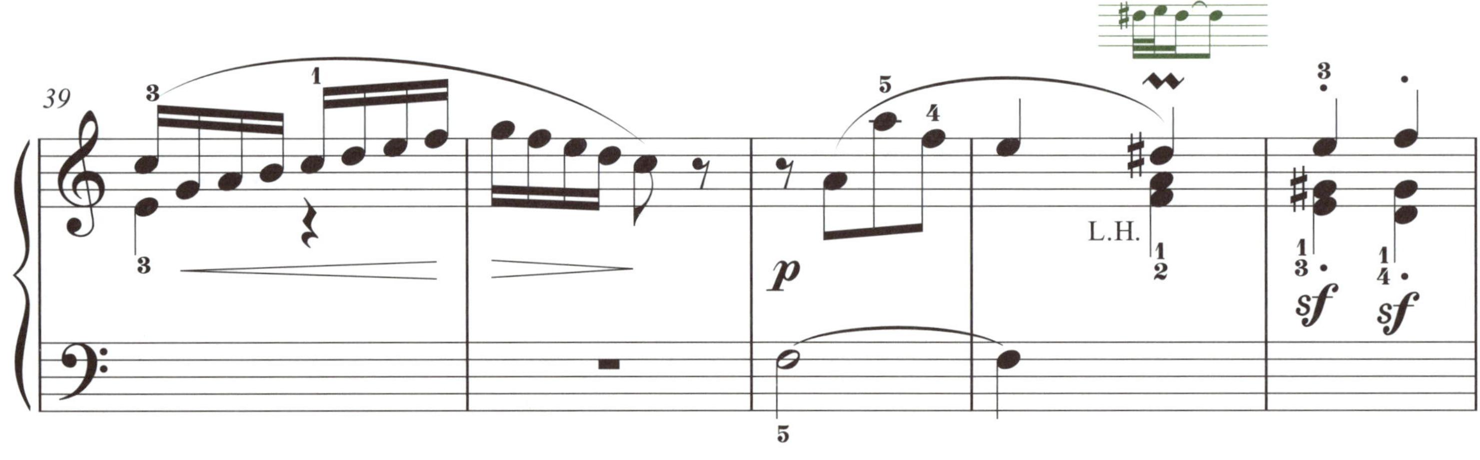
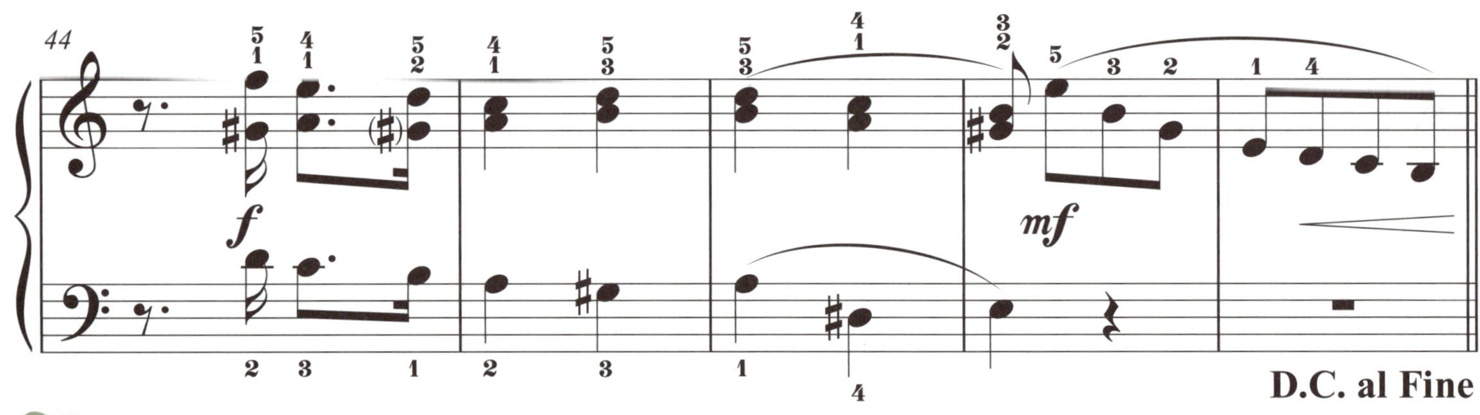
D.C. al Fine

9 쿨라우 소나티네 Op.20 No.1
제1악장 다(C)장조

박자 $\frac{4}{4}$ 박자

빠르기 **Allegro**(알레그로)   **곡의 느낌** 빠르고 경쾌하게

곡의 형식 소나타 형식

연습과 곡의 표현

♥ 제1주제의 왼손은 긴 슬러로 표시하지 않고 *legato* 로 표기하고 있습니다.

♥ 1~6마디는 오른손의 멜로디가 잘 들리도록, 왼손 펼침화음 반주는 크지않게 부드럽게 이어서 연주하세요.

미리 맛보기

♥ **같은 음 손가락 바꾸기**

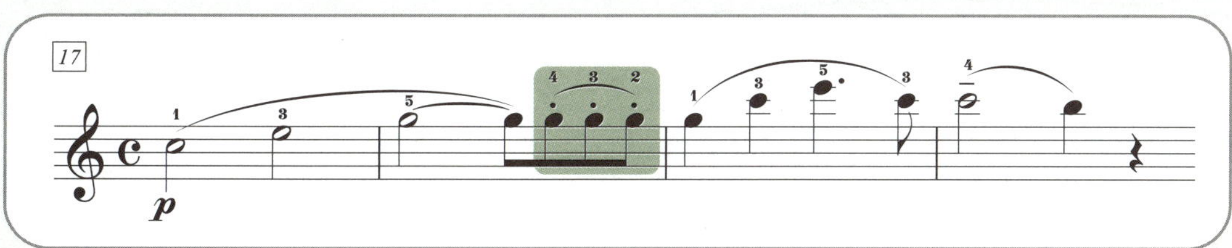

같은 음 손가락 바꾸기는 자연스럽게 스타카토로 연주하기 쉽습니다.
손목이나 팔을 들지 말고 손가락 힘으로 건반의 반동을 이용하여 연습하여 좀 더 레가토로 표현해 보세요.

쿨라우 소나티네 Op.20 No.1
제1악장

52

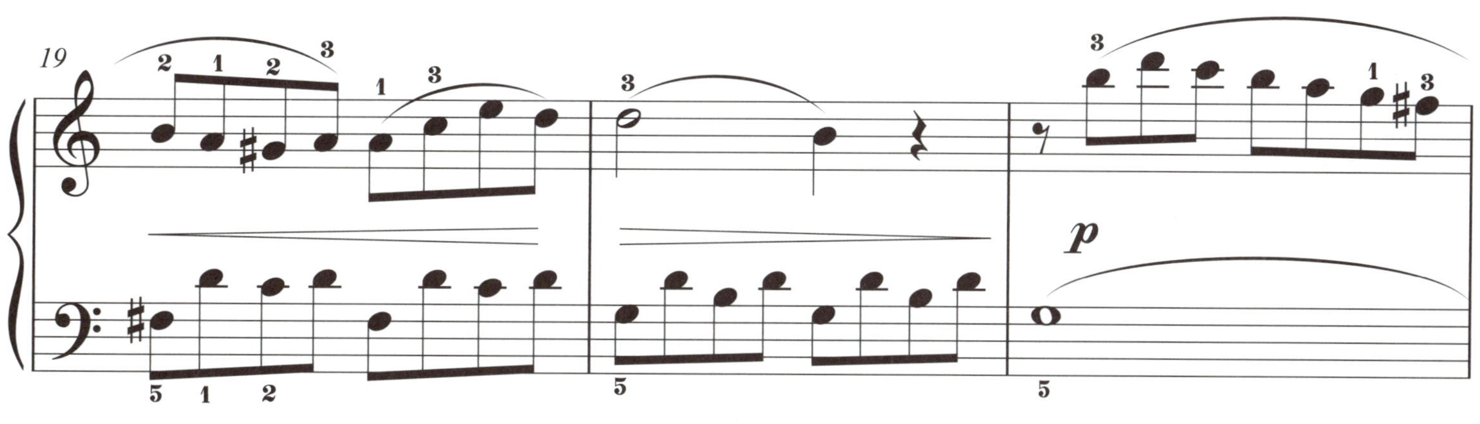
제2주제
p
dolce
legato

cresc.
f

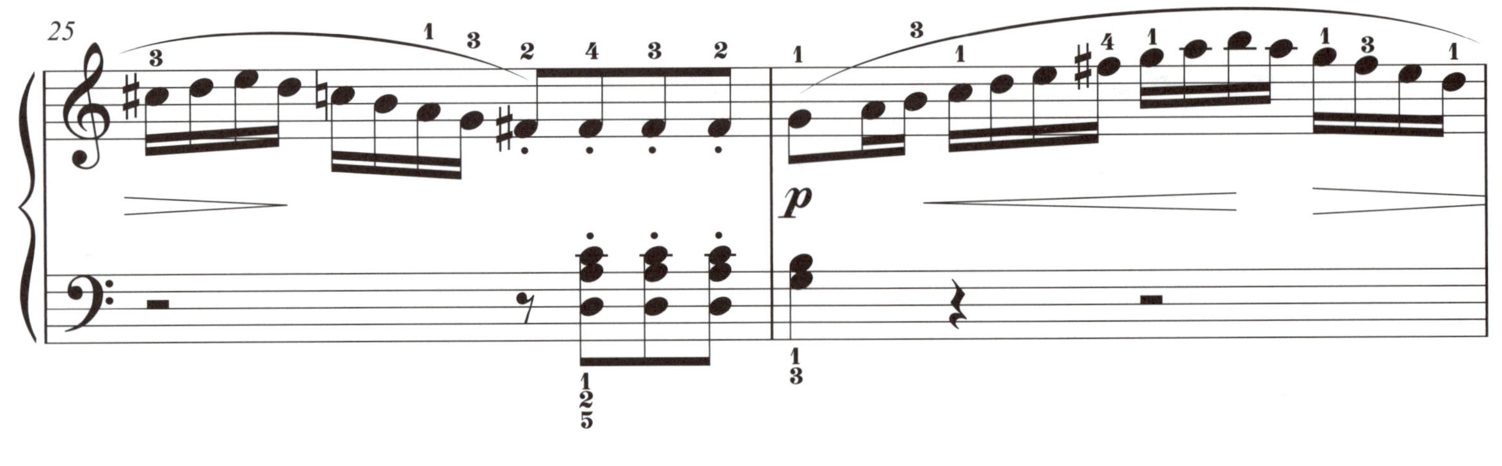
25
p

27
p
cresc.

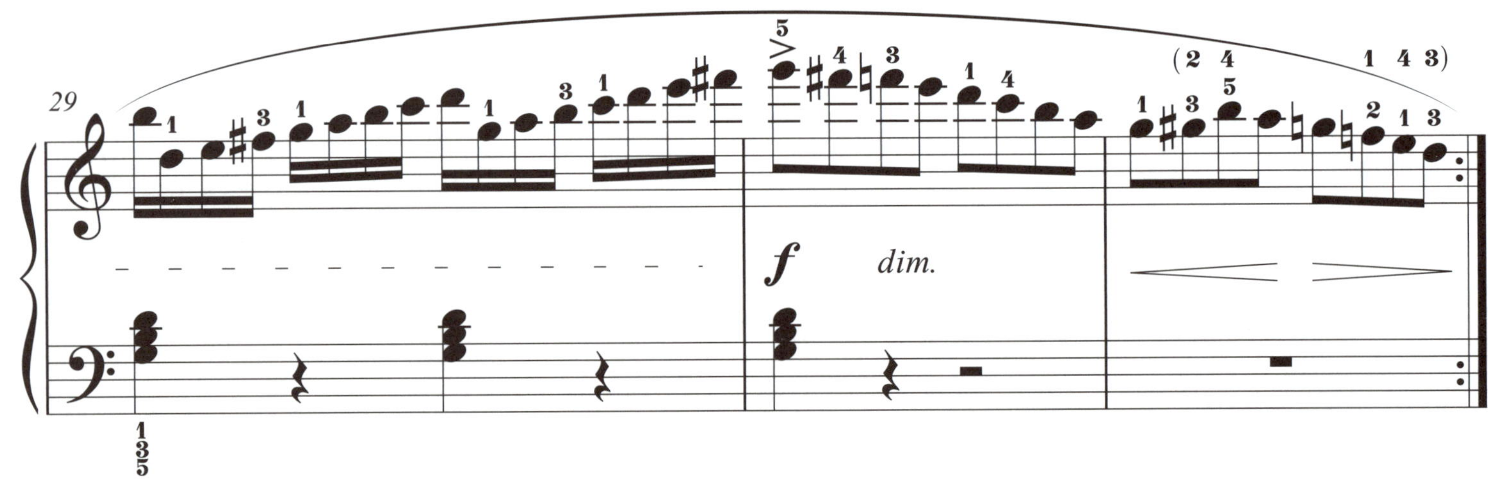
29
f
dim.

전개부

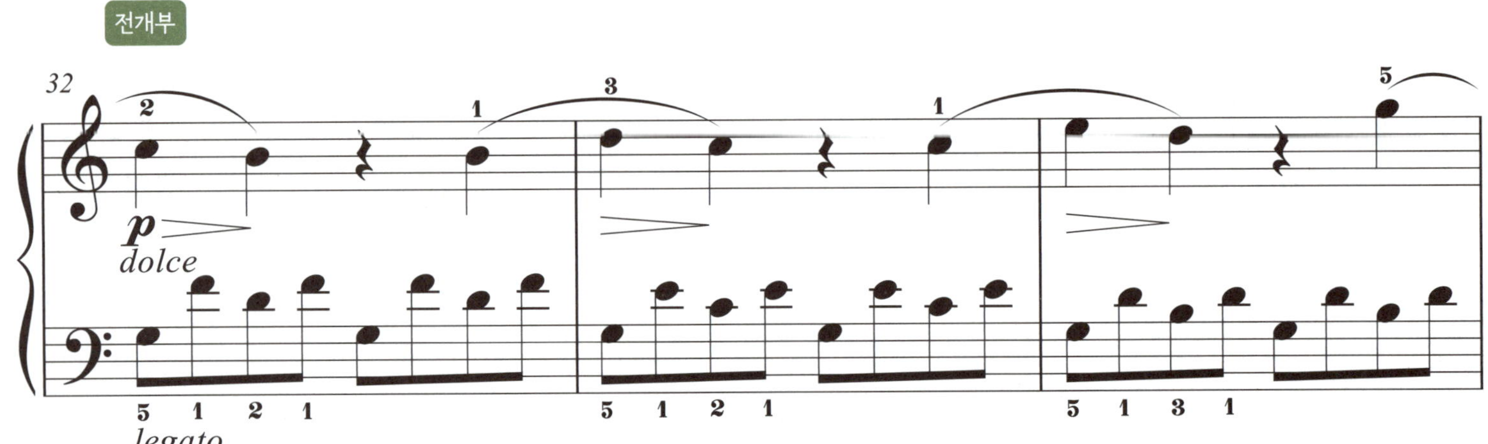
32
p
dolce
legato

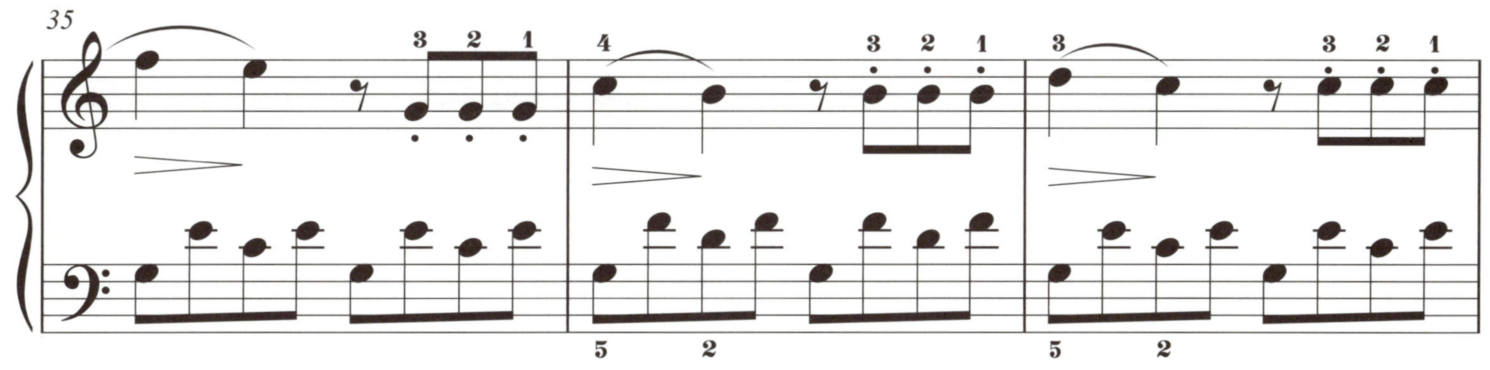

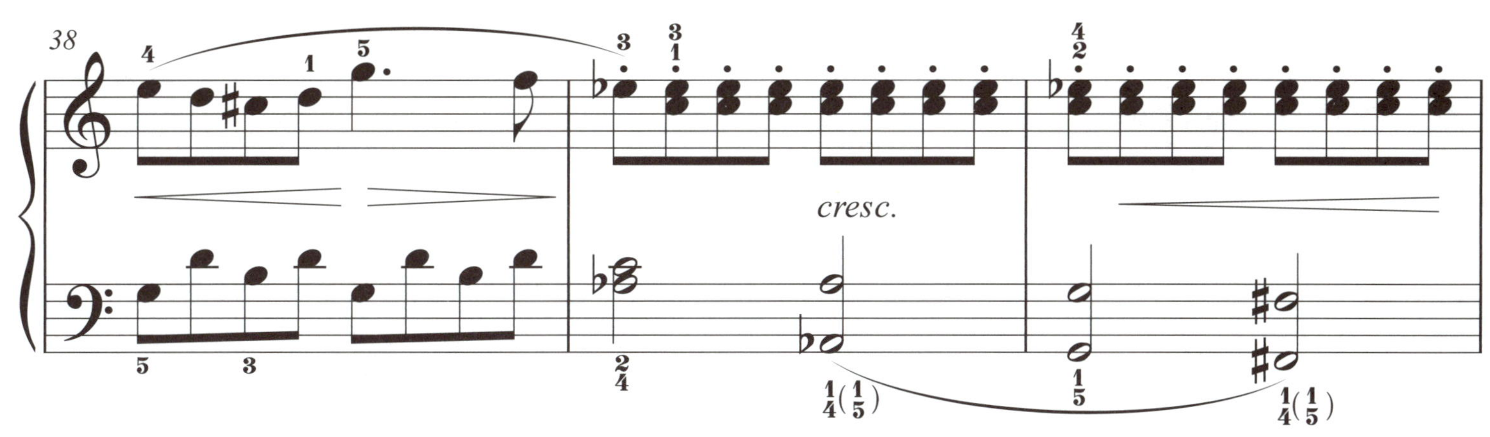

cresc.

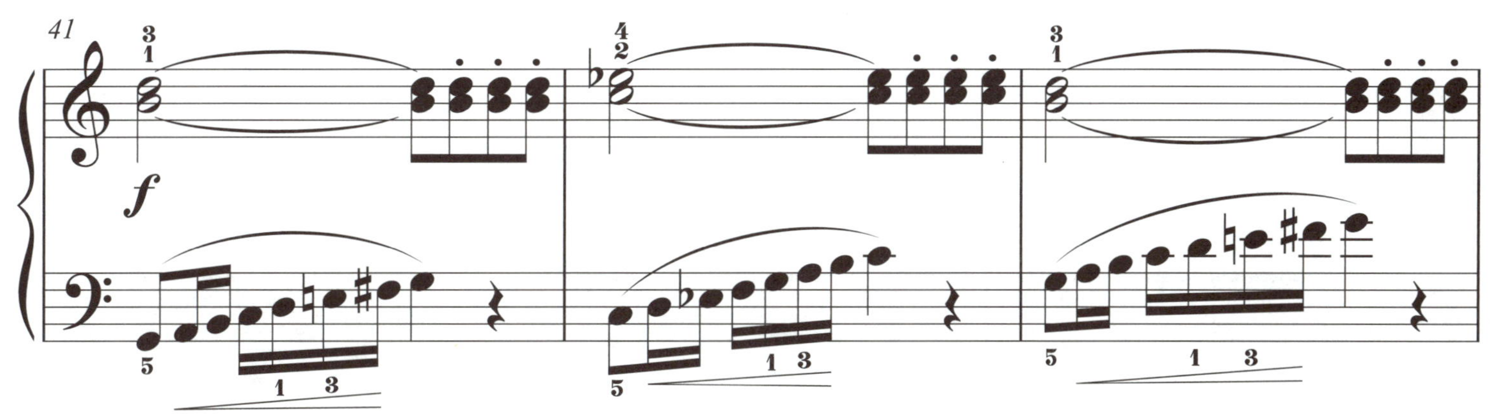

f

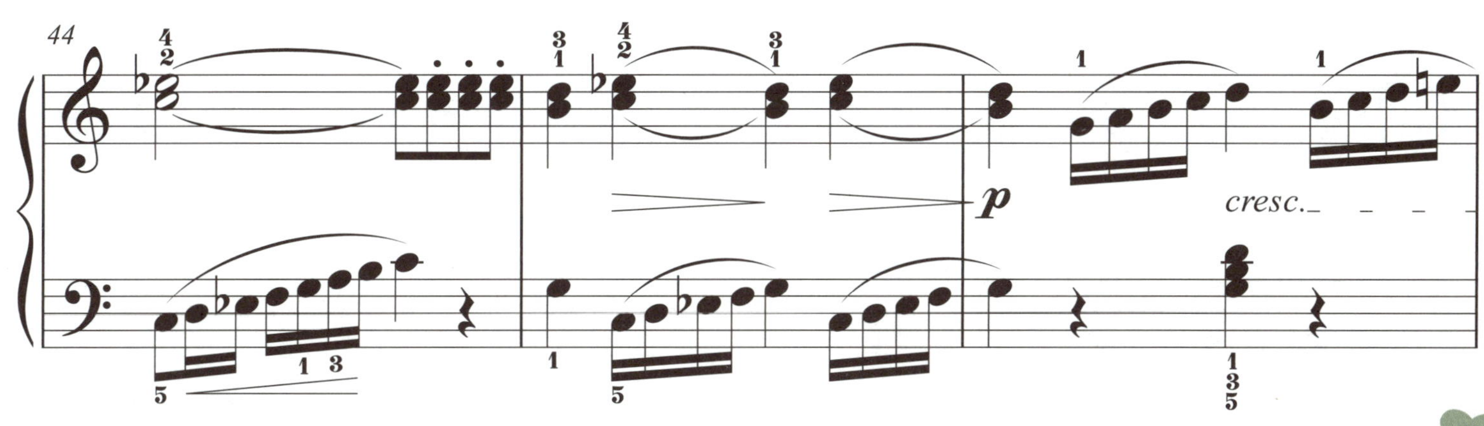

p
cresc.

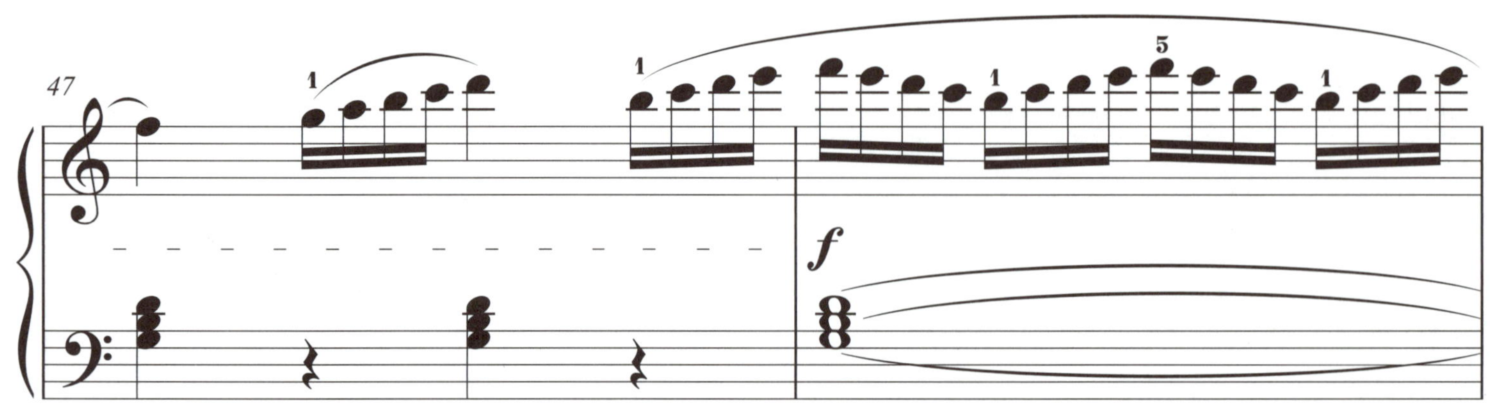

재현부
제1주제
dim.
p
legato

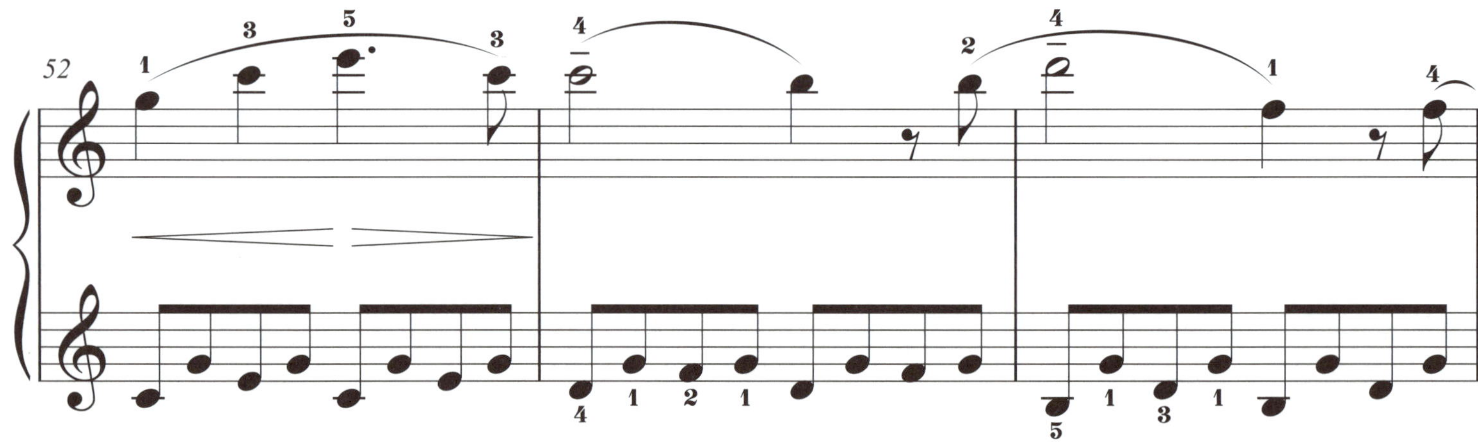

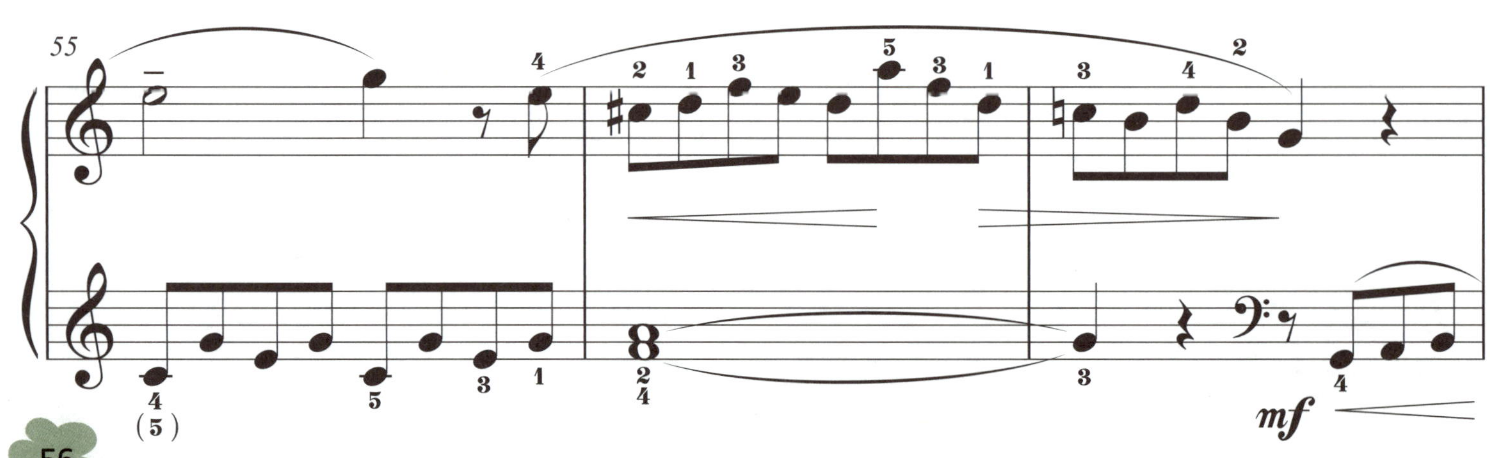
mf

제2주제
p dolce
legato

코다
cresc.
8va
f
ff
p

10 클레멘티 소나티네 Op.36 No.3
제1악장 다(C)장조

박자 $\frac{4}{4}$ 박자

곡의 느낌   **Spiritoso**(소프리토소) 힘차고 생기있게

곡의 형식   소나타 형식

연습과 곡의 표현

♥ 제1주제에 자주 나오는 스타카토는 너무 날카롭지 않고 힘차게, 5마디부터 나오는 겹음 스타카토는 두 음이 고르게 소리나도록 연주하세요.

♥ 제2주제 멜로디는 부드럽게(*dolce*) 연주하세요.

미리 맛보기

♥ 트릴(𝑡𝑟) 연습

𝑡𝑟은 트릴(Trill)의 약자입니다. 우리 말로는 '떤꾸밈음'이라고 합니다. 2도 간격의 음을 빠르게 떨어주세요. 오른손만 먼저 연습해 보세요.

클레멘티 소나티네 Op.36 No.3
제1악장

제2주제
p dolce
f
legato
tr
61

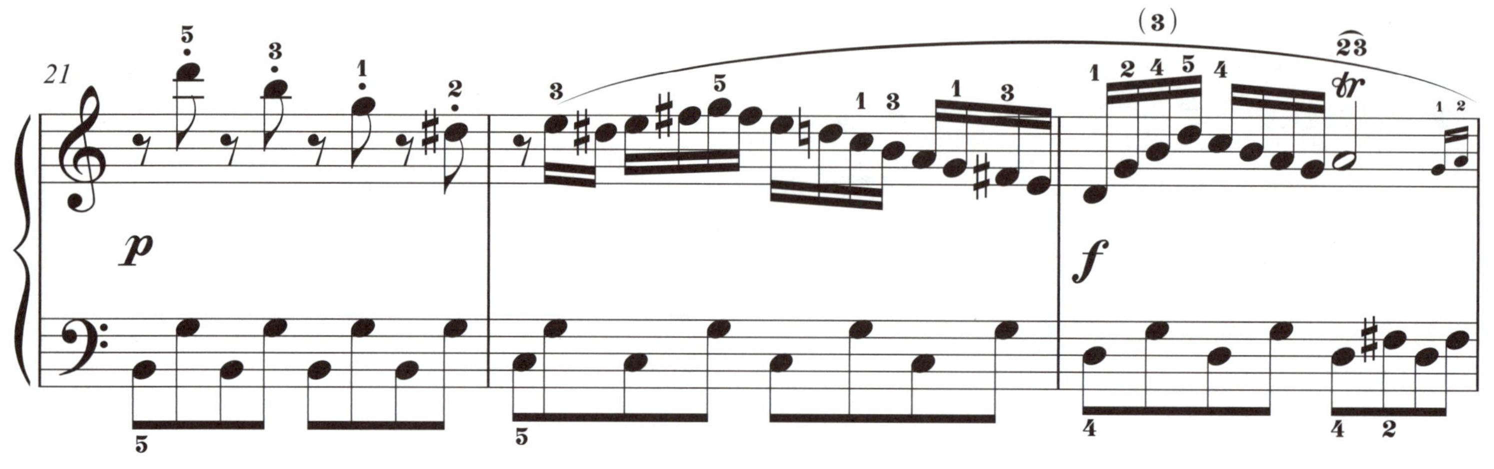

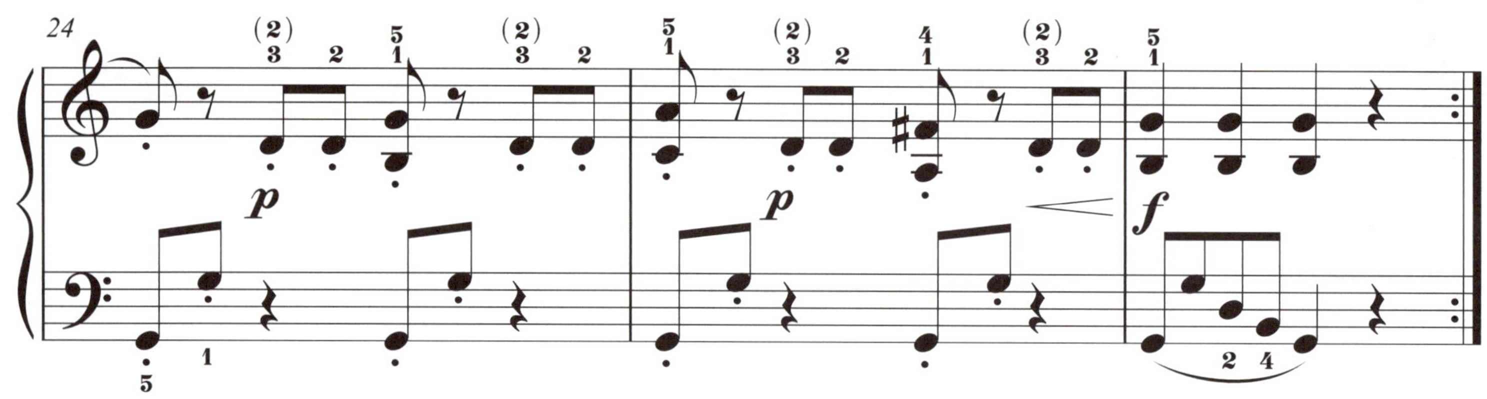

전개부

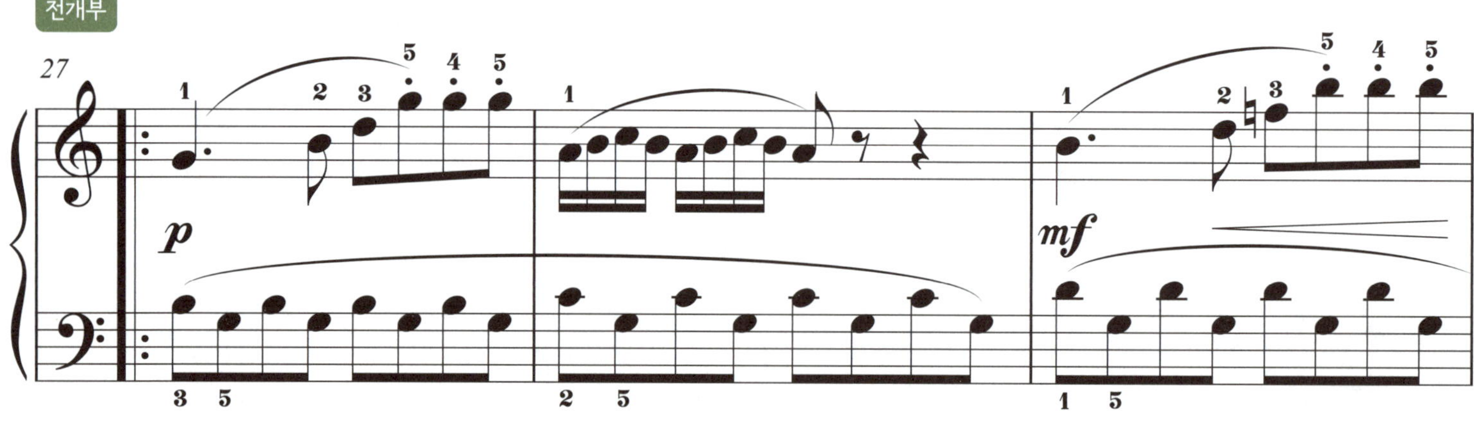

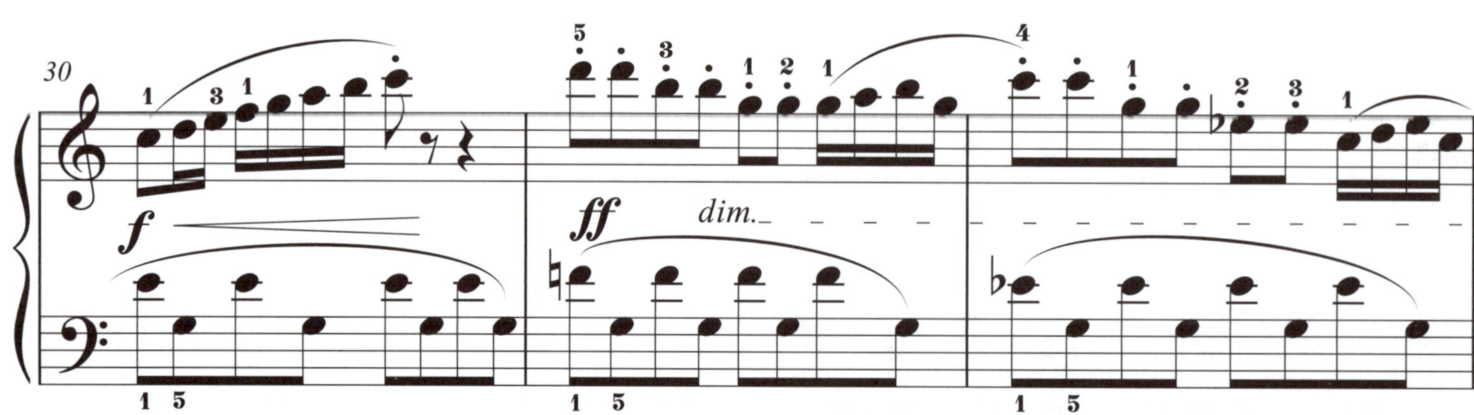

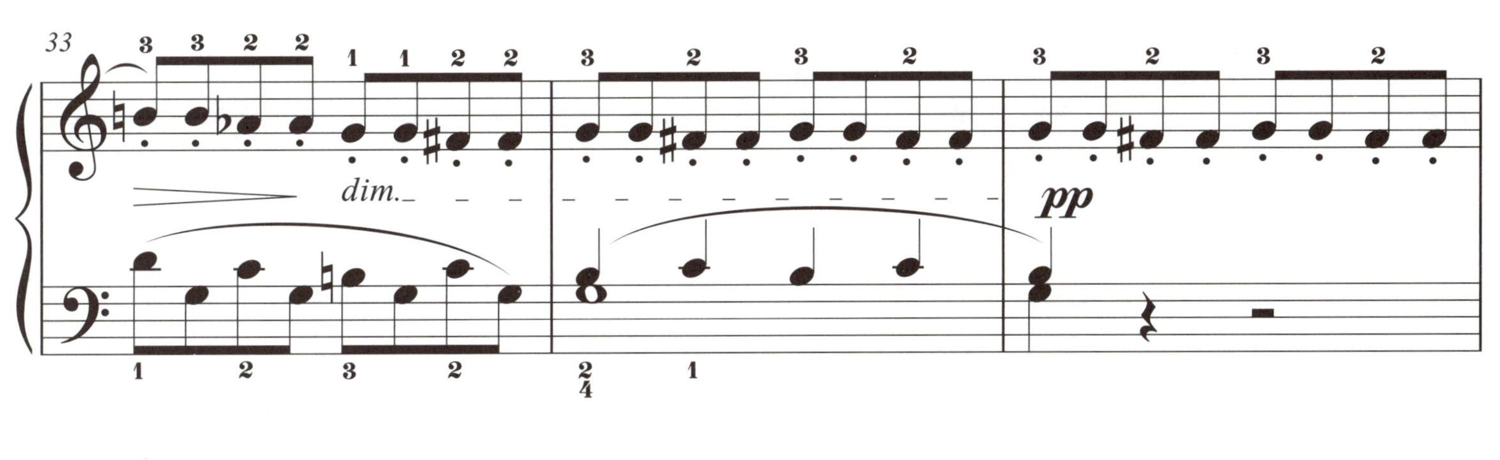

33
dim.
pp
2/4

재현부   제1주제

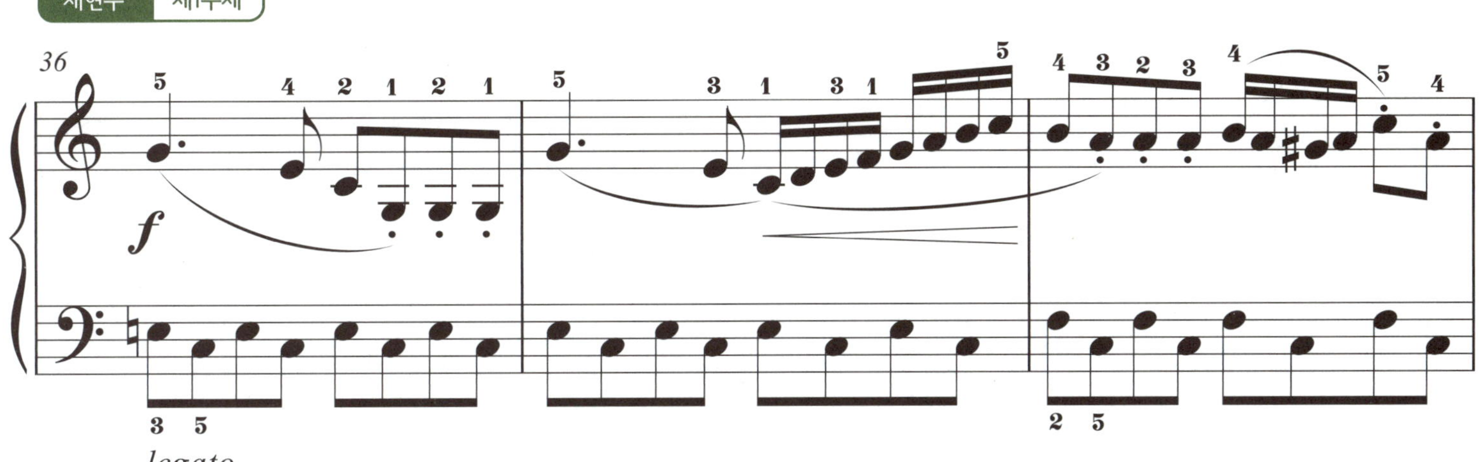

36
f
legato

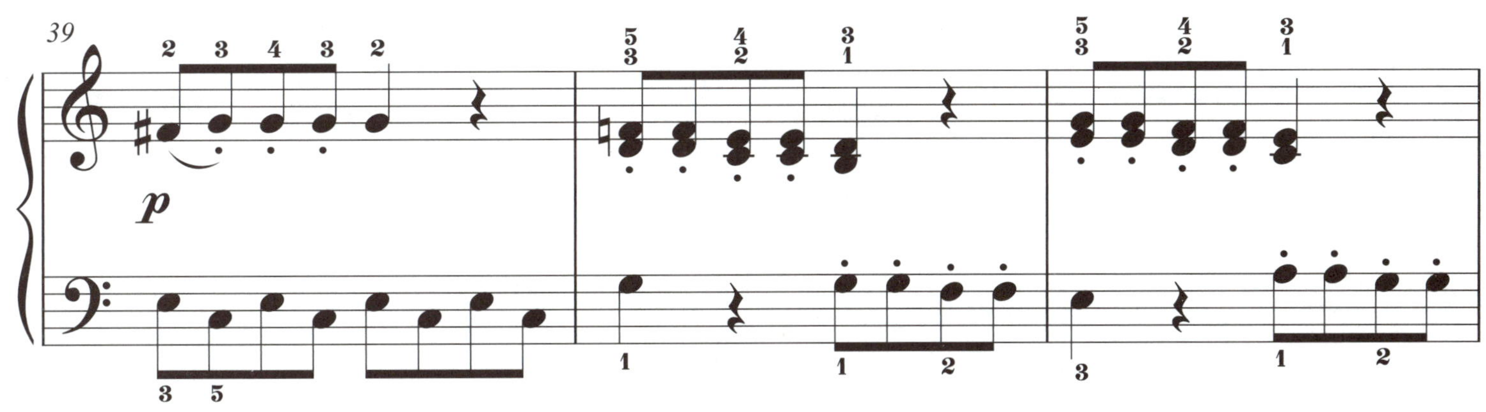

39
p

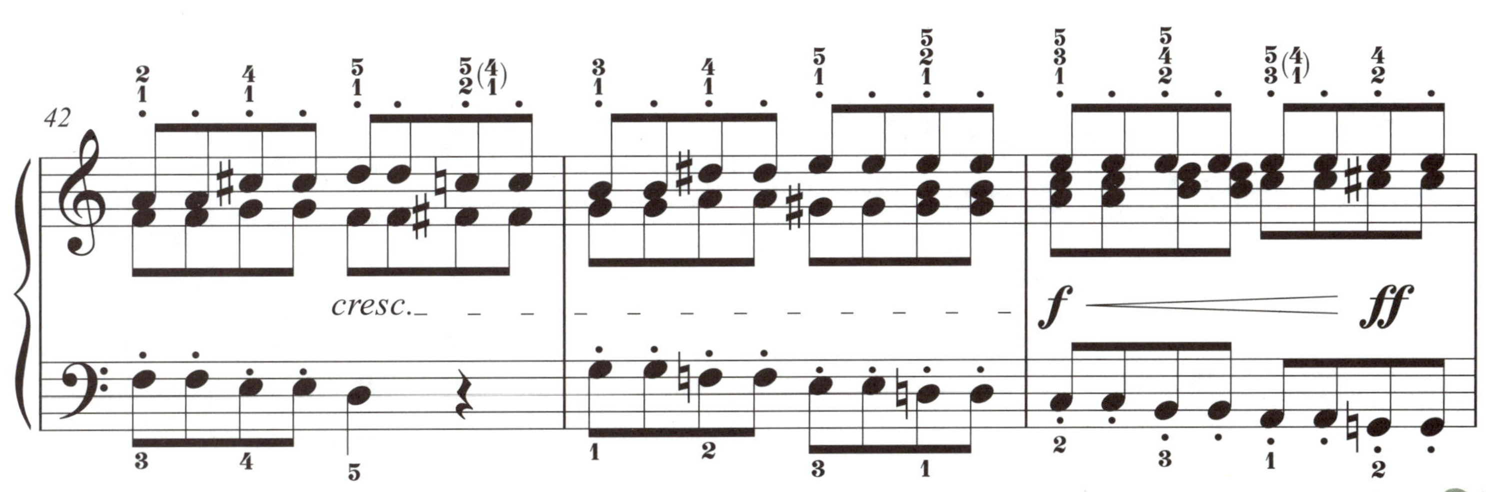

42
cresc.
f
ff

64

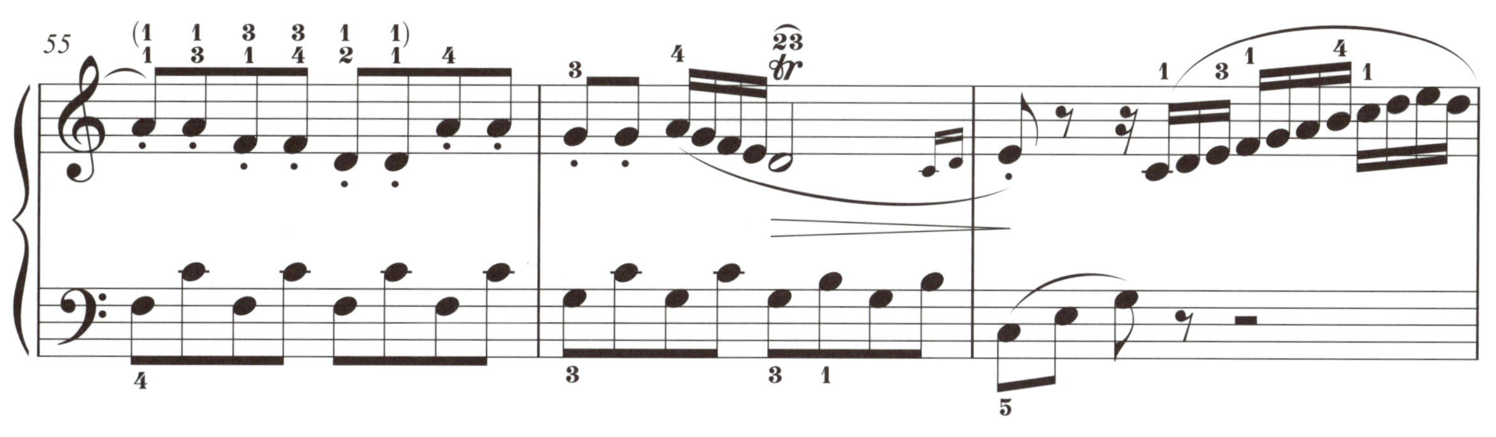
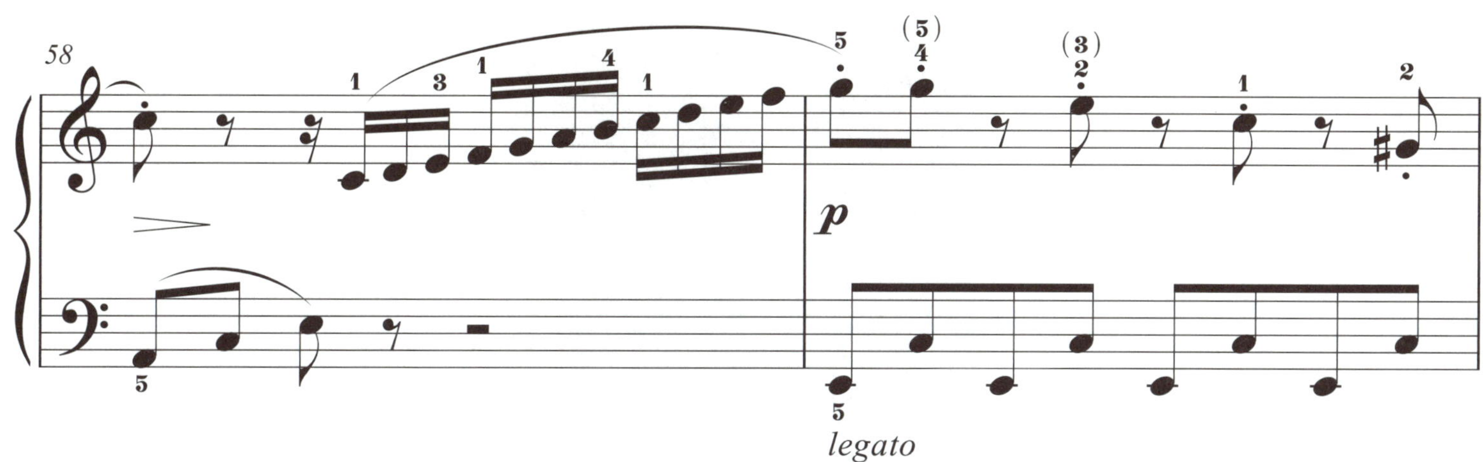
p
legato
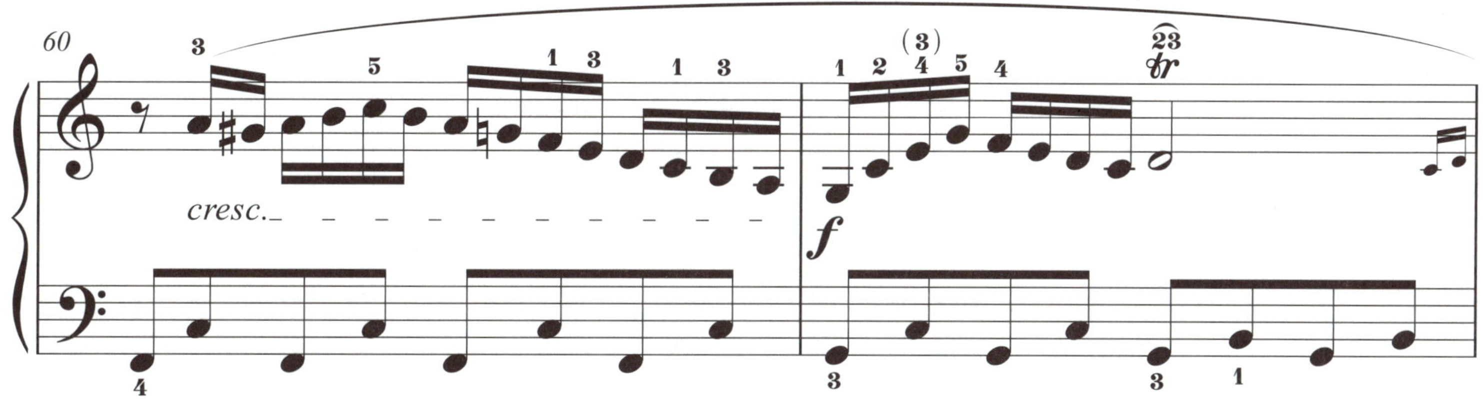
cresc.
f

코다
p
cresc.
f

프리드리히 다니엘 루돌프 쿨라우
(Friedrich Daniel Rudolf Kuhlau)
1786~1832

쿨라우는 독일 출신의 피아니스트이자 작곡가입니다. 쿨라우가 작곡한 소나티네 Op.20의 1번, Op.55의 1번은 피아노를 배우는 많은 학습자가 도전해 보거나 들어본 유명한 소나티네입니다. 그의 소나티네는 누구나 흥얼거릴 정도로 익숙하고 아름다운 멜로디를 가지고 있습니다.

1825년 9월, 쿨라우는 동시대의 음악 선배인 베토벤이 살고 있던 바덴으로 가서 그를 만나 친분을 쌓게 되었습니다. 베토벤은 쿨라우의 이름은 딴 캐논을 작곡하여 쿨라우에게 선물했으며, '나의 친구 쿨라우에게, 베토벤'이라고 서명한 초상화를 주었다고 합니다.

쿨라우가 10살이 되던 해, 눈길을 걷다가 사고로 오른쪽 눈을 실명하게 되었습니다. 오랜 기간 병상에 있으며 침대 곁에 있던 피아노를 갖고 논 것이 음악을 시작하는 계기가 되었다고 전해집니다.

쿨라우는 "만일 그런 사고를 당하지 않았다면 음악가가 되지 못했을 것"이라고 말했다고 합니다.

11 쿨라우 소나티네 Op.55 No.2
제1악장 사(G)장조

박자 $\frac{3}{4}$ 박자

빠르기 **Allegretto**(알레그레토)   **곡의 느낌** 조금 빠르고 밝게

곡의 형식 소나타 형식

연습과 곡의 표현

♥ 제1주제와 제2주제는 모두 p 로 여리게 시작하세요. 왼손 펼침화음 반주는 부드럽게 오른손 멜로디가 잘 살아나도록 작고 선명하게 연주하세요.

미리 맛보기

♥ 셋잇단음표와 16분음표 박자 맞추기

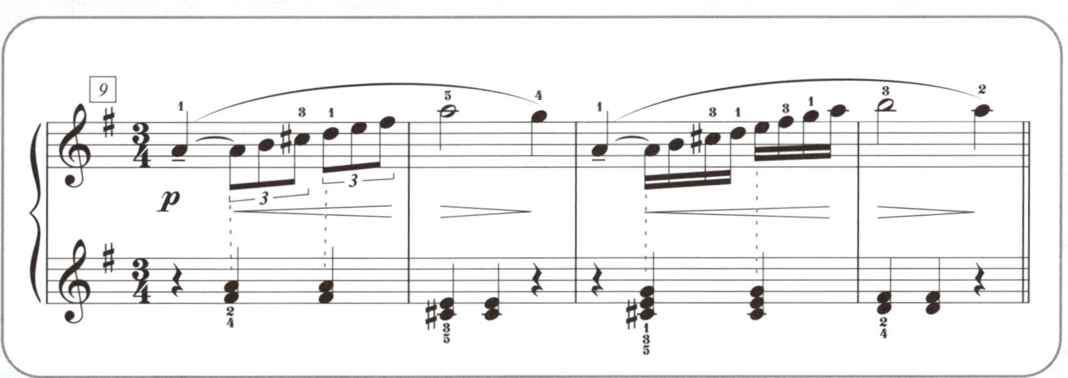

제2주제 9마디의 셋잇단음표와 11마디의 16분음표 리듬을 왼손 박자에 정확히 맞추어 연습하세요.

쿨라우 소나티네 Op.55 No.2
제1악장

전개부
재현부
제1주제
cresc.
f
dim.
sf
p dolce
p
p
p
mp dolce
pp

제2주제
코다
70

12 쿨라우 소나티네 Op.20 No.1 제3악장 다(C)장조

박자 $\frac{2}{4}$ 박자

빠르기 **Allegro**(알레그로)　　　**곡의 느낌** 빠르고 경쾌하게

곡의 형식 론도 형식

연습과 곡의 표현

♥ A 부분은 경쾌하게 연주하며, 4마디씩 하나의 프레이즈로 생각하고 그 안에서 짧은 슬러를 지켜서 연습하세요.

♥ C 부분은 가단조로 시작합니다. 짧은 슬러에 이어지는 스타카토를 너무 강조하지 말고 여리고 예쁘게 표현해 보세요.
반주에서 2분음표 베이스 지속음(Finger Pedal)을 잘 살려서 연주하세요. 지속음에 이어지는 둘째, 셋째, 넷째 음들은 메조 스타카토 정도로 너무 크지 않게.

미리 맛보기

♥ 핑거 페달(Finger Pedal)

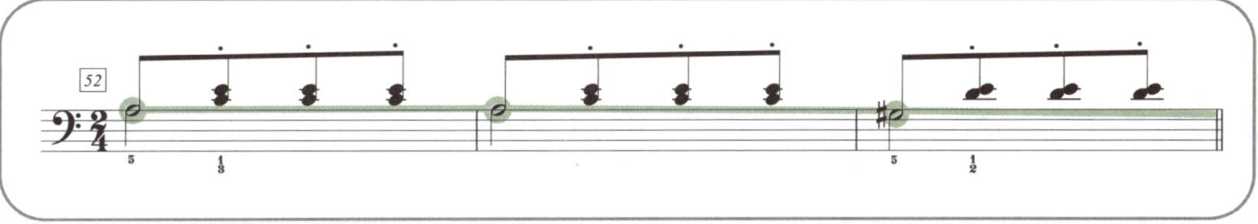

왼손 5번 또는 4번 손가락으로 누르는 지속음을 핑거 페달(Finger Pedal)이라고 하며, 손가락이 페달 역할을 합니다.

쿨라우 소나티네 Op.20 No.1
제3악장

29
(4 1)
(4)
dim.
(3)
(1)
A
36
p
1 3 5 (1 2 4)
39
74

42
f
legato
45
48
C
52
p
pp
75

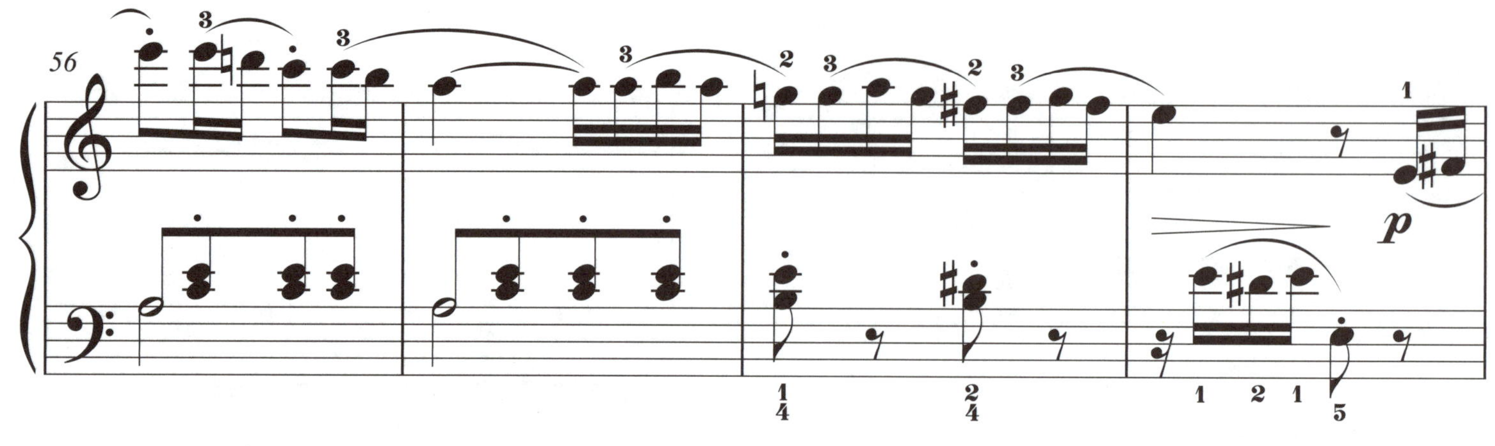

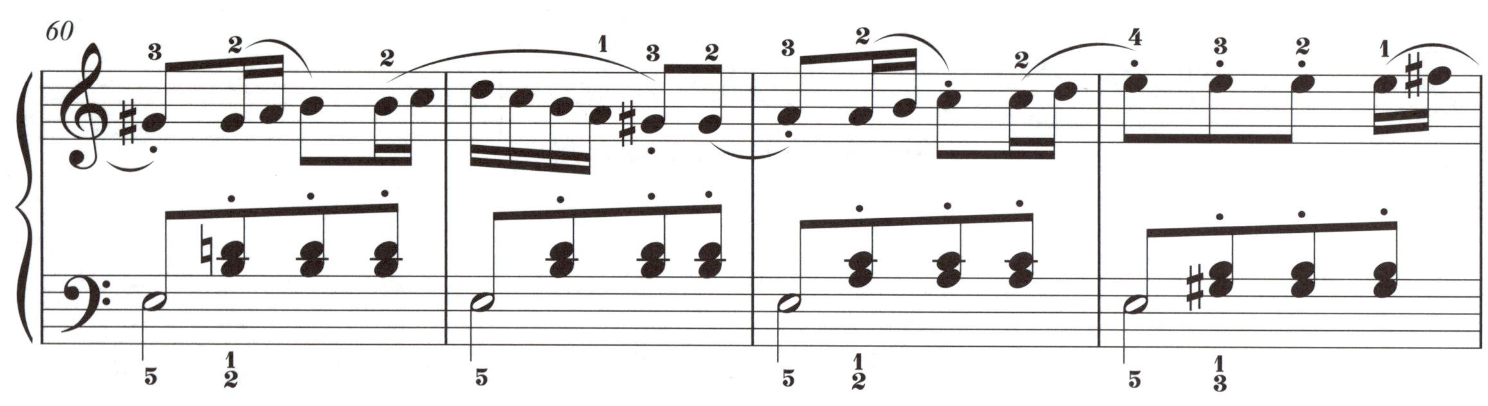

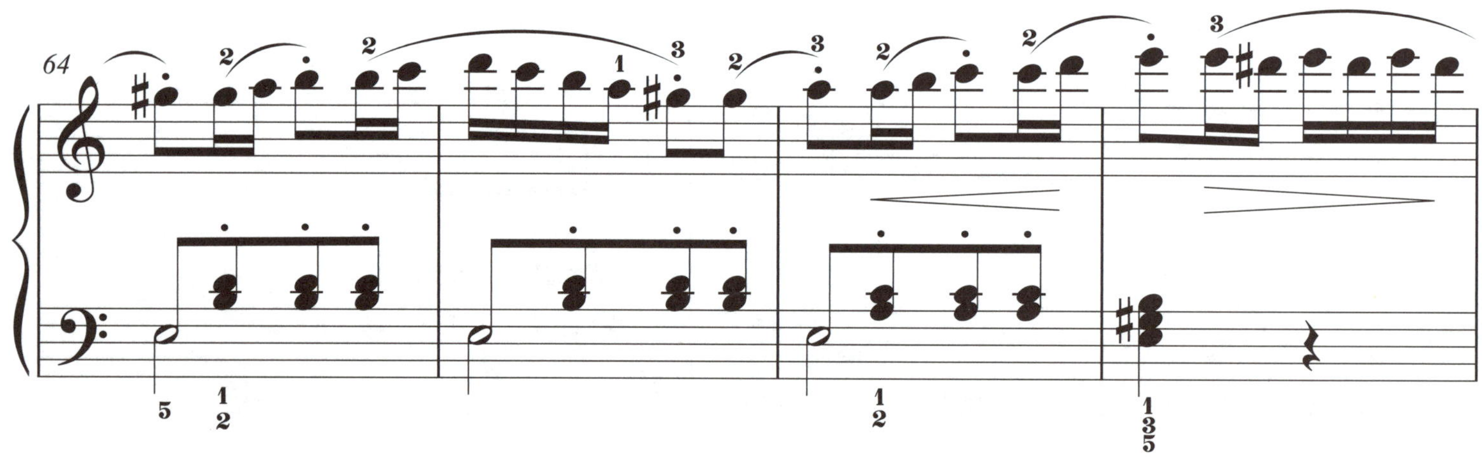

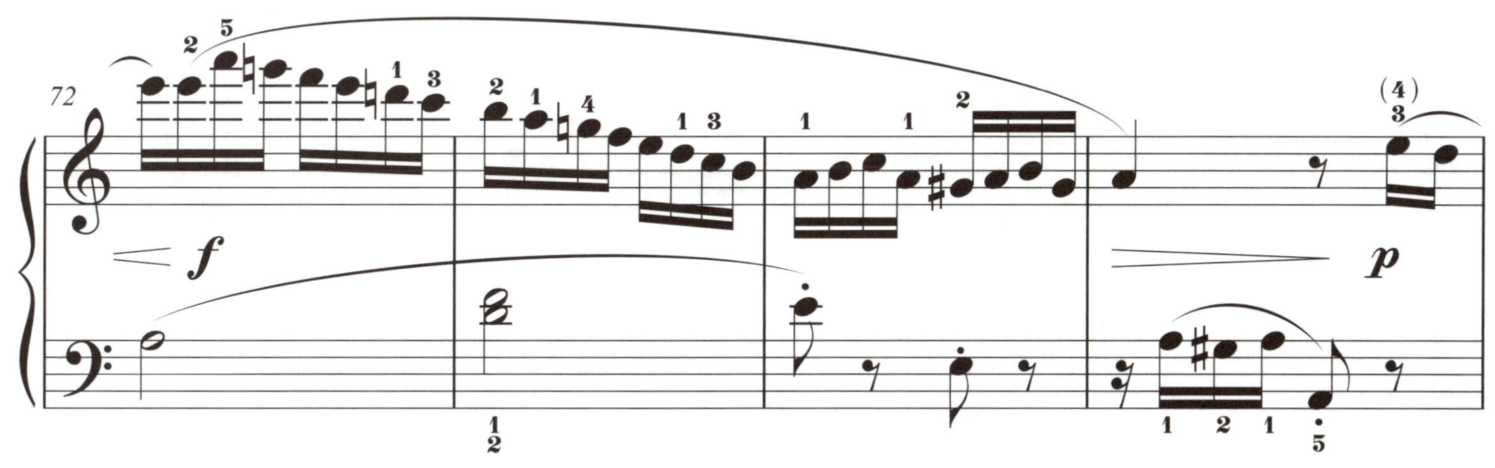

72
f

76
점점 느리게
rall.
본래의 빠르기로
a tempo
p

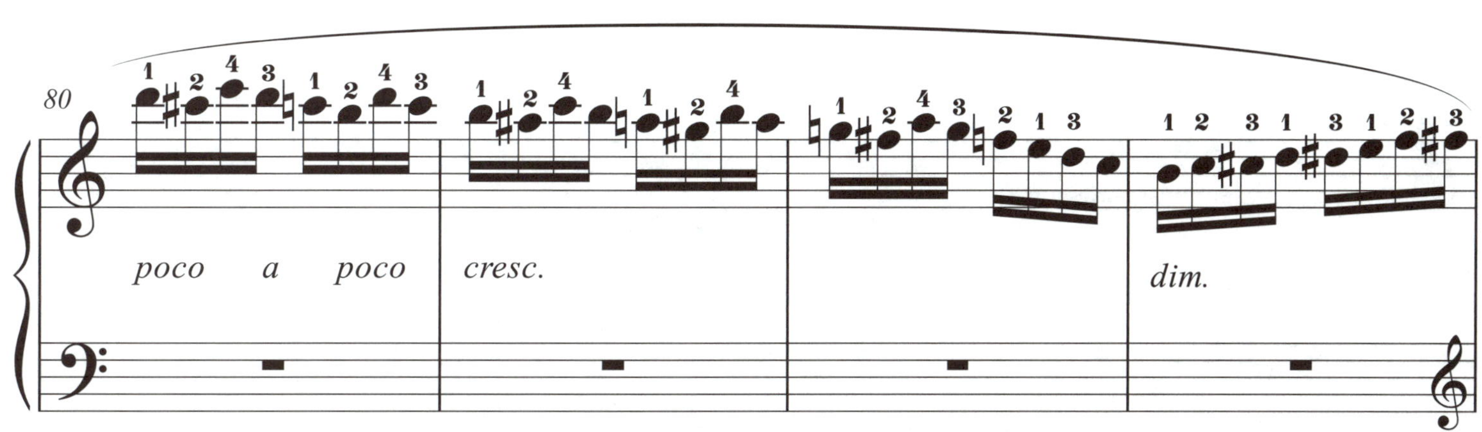

80
poco a poco
cresc.
dim.

A
84
p

legato
f
78
B

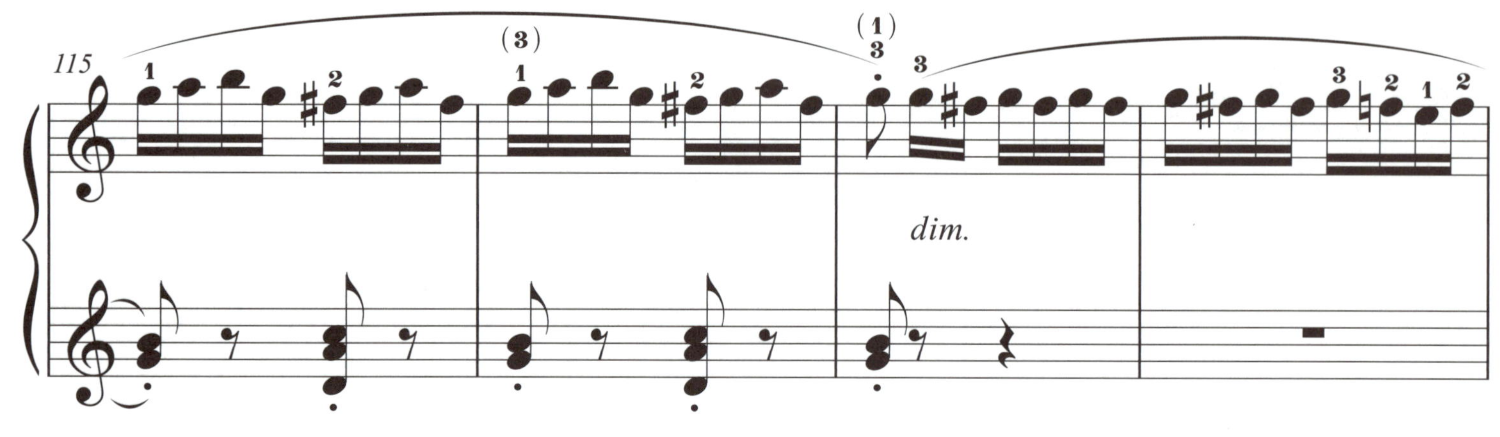
115
dim.

A
119
p

123
f

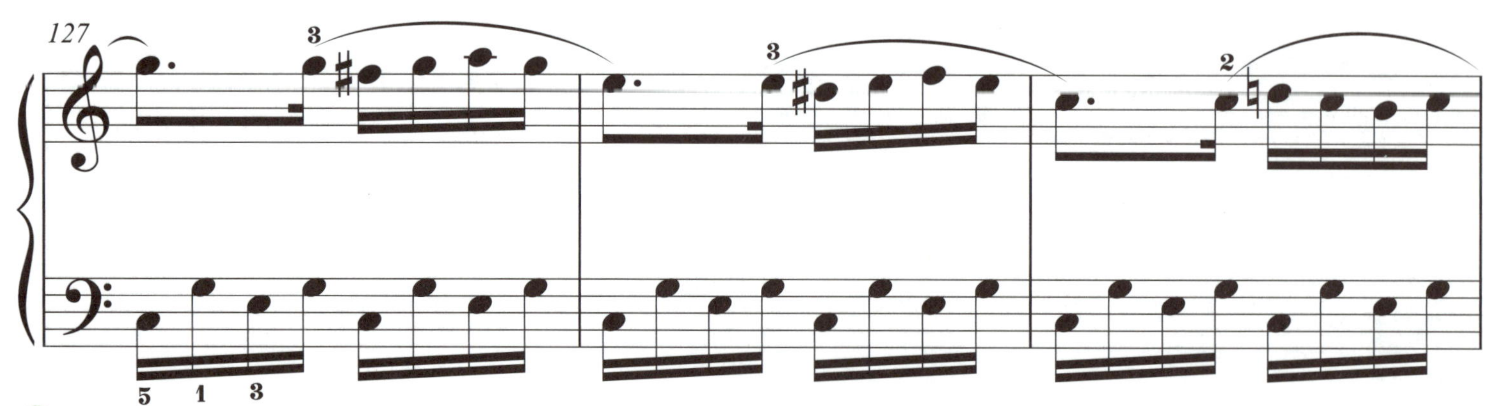
127
legato

코다

144
mf
f
147
150
p
dolce
154
cresc.
f
ff

13 베토벤 소나티나 Anh.5 No.2
제 1악장 바(F)장조

박자 　$\frac{2}{4}$ 박자

빠르기 　**Allegro assai**(알레그로 아싸이)

곡의 느낌 　매우(assai) 빠르게

곡의 형식 　소나타 형식

제목의 Anh.는 Anhang의 약자로 '부록', '추가'의 뜻입니다.

연습과 곡의 표현

♥ 제1주제는 f 로 강하고 빠르게 시작하는 하행 음계입니다. 바장조 음계는 1-4번, 4-1번 손가락 넘기기를 사용합니다. 이 때는 먼저 팔을 살짝 벌려주어야 손가락 넘기기가 쉽게 됩니다.

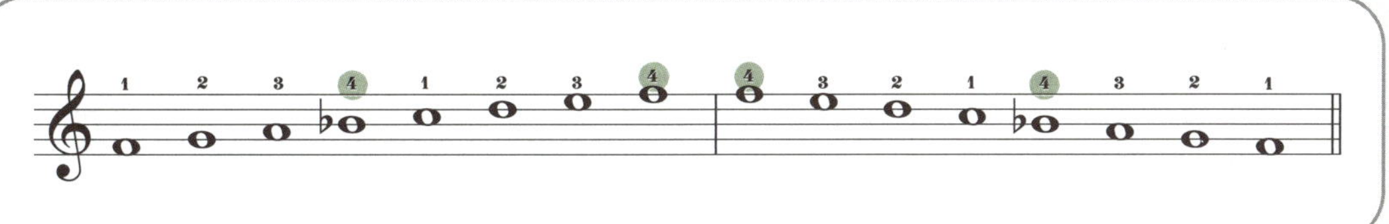

♥ 제2주제에 나오는 앞꾸밈음은(특히 매우 빠른 곡에서) 왼손 반주 음에 맞추는 방법으로 연주하는 것이 쉽습니다.

베토벤 소나티나 Anh.5 No.2
제1악장

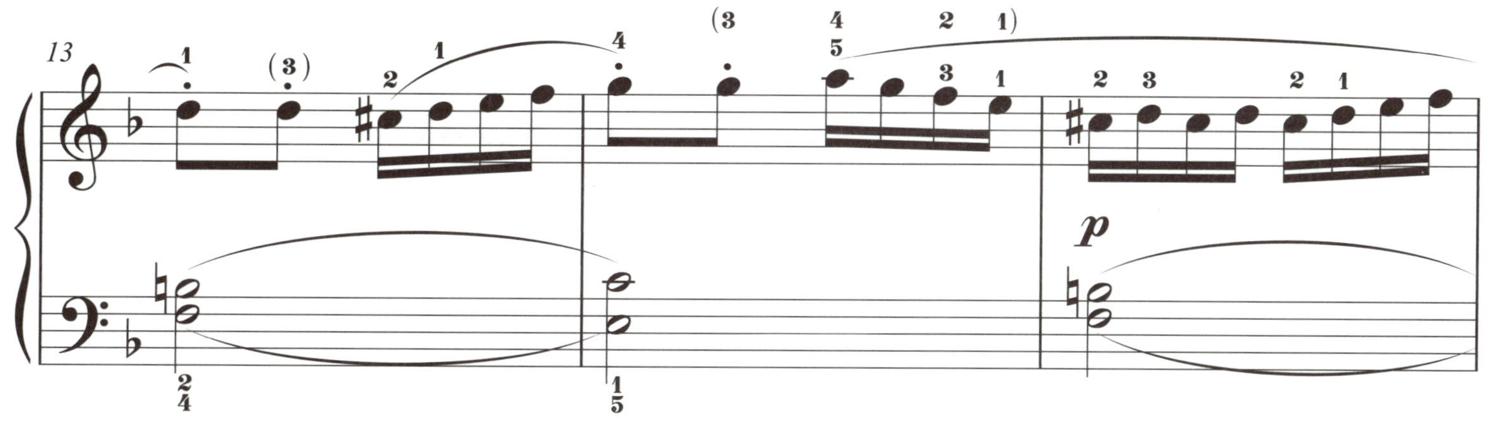

전개부

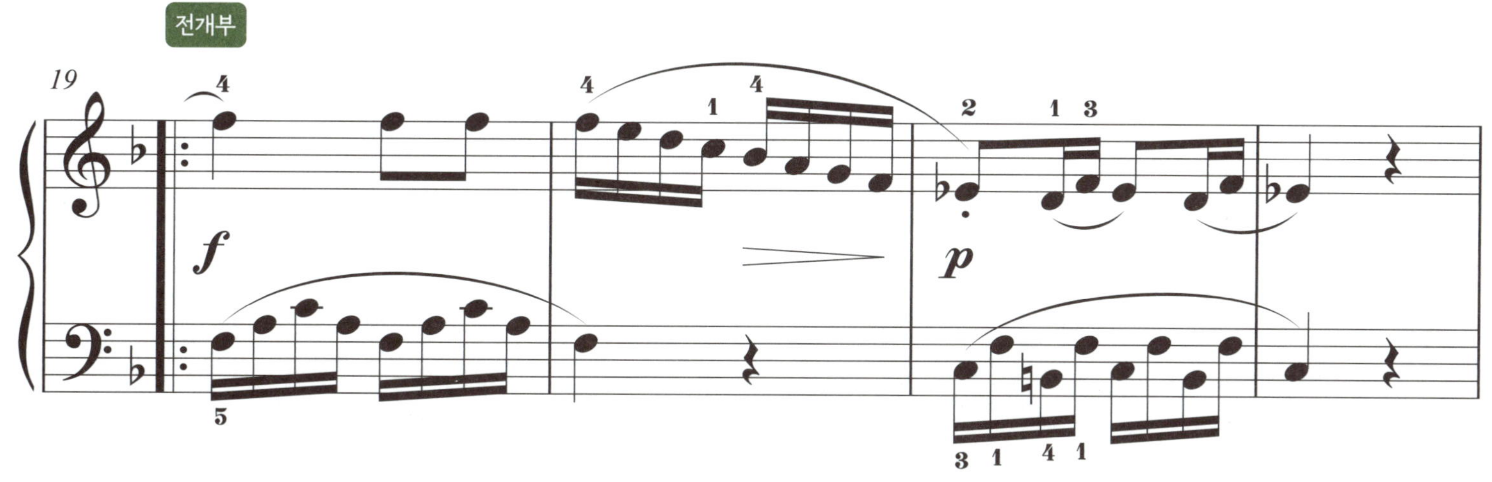

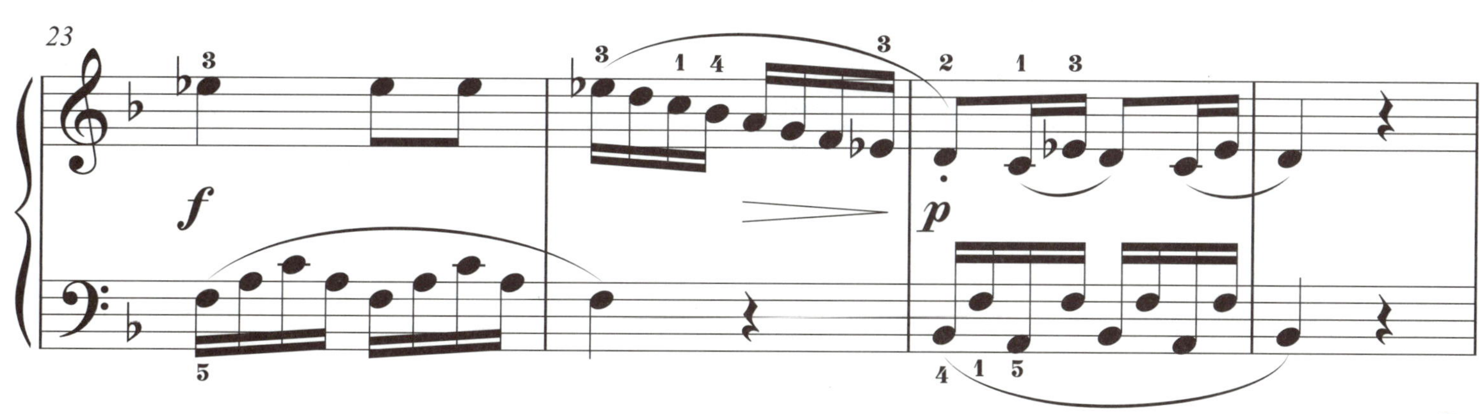

재현부 제2주제
mf
cresc.
legato
dim.
p
mp
mf

코다
57
dolce
61
65
cresc.
68
f
88

14 쿨라우 소나티네 Op.55 No.3
제2악장 다(C)장조

박자 $\frac{2}{4}$ 박자

빠르기 **Allegretto grazioso**(알레그레토 그라치오소)

곡의 느낌 조금 빠르고 우아하게

곡의 형식 론도 형식

연습과 곡의 표현

♥ A와 B부분의 짧은 슬러 이후 이어지는 스타카토는 건반의 반동을 이용하여 가볍게 연주하세요.

♥ C 부분은 가(a)단조로 주제가 세 번 반복됩니다. 오른손은 우아하게, 왼손은 가볍고 고르게

미리 맛보기

♥ **꾸밈음 연습**

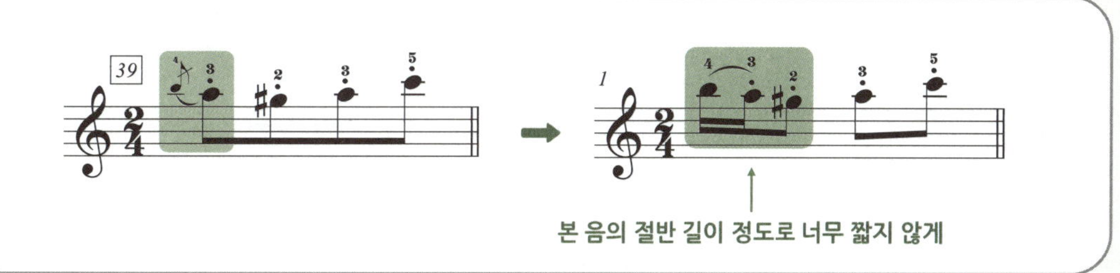

꾸밈음은 '꾸며주는 음'입니다. 꾸밈음이 너무 강조되지 않고 자연스럽게 꾸며줄 수 있도록 충분히 연습하세요.

쿨라우 소나티네 Op.55 No.3
제2악장

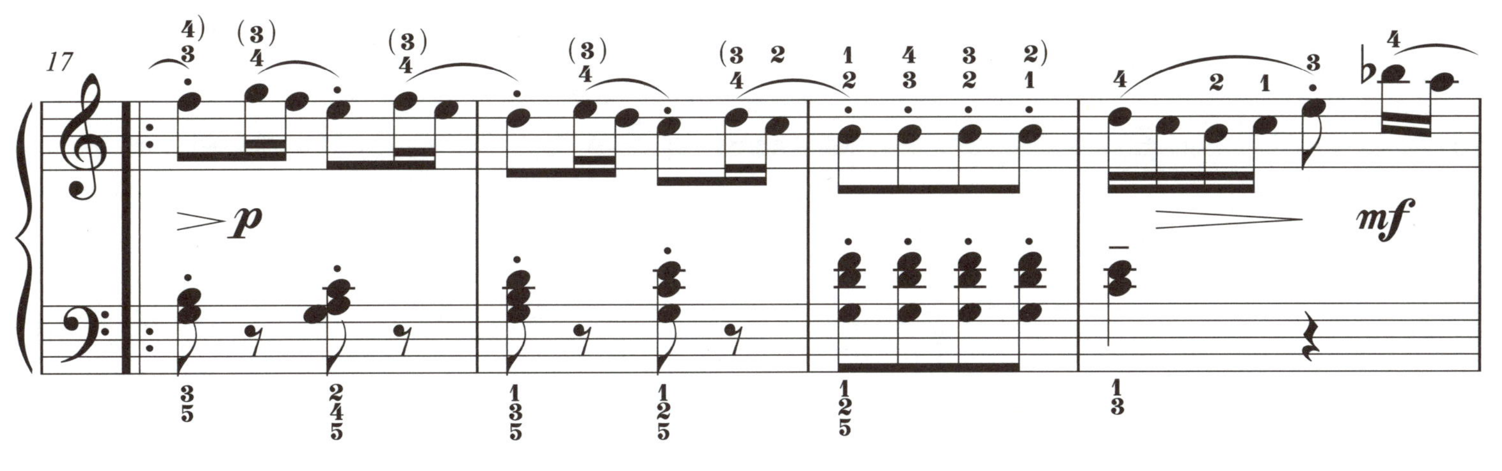

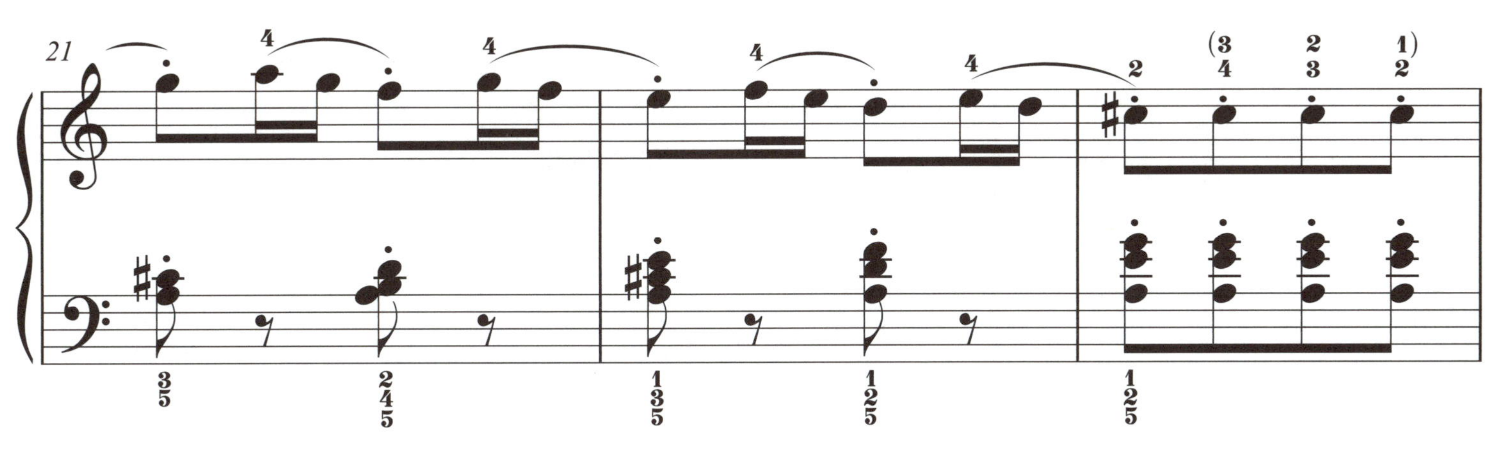

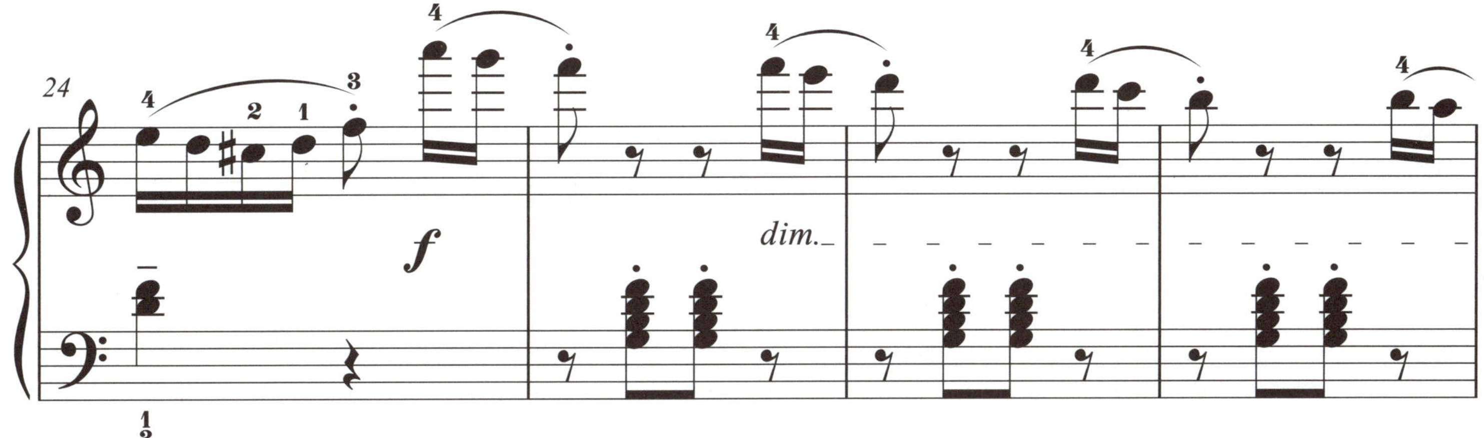

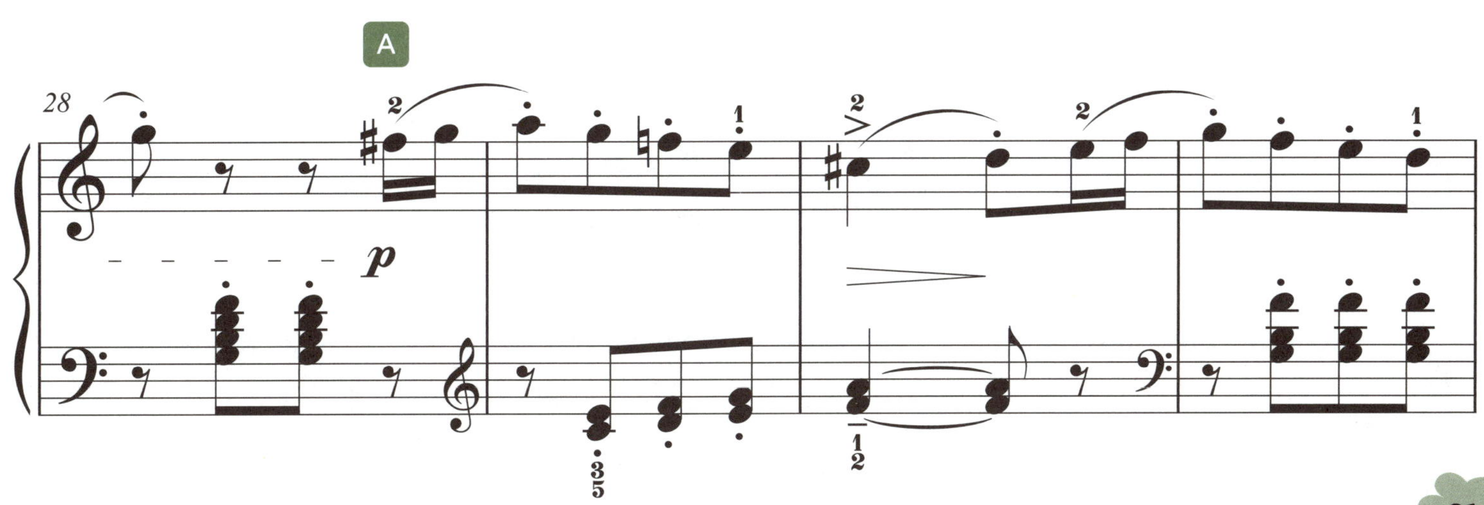

A

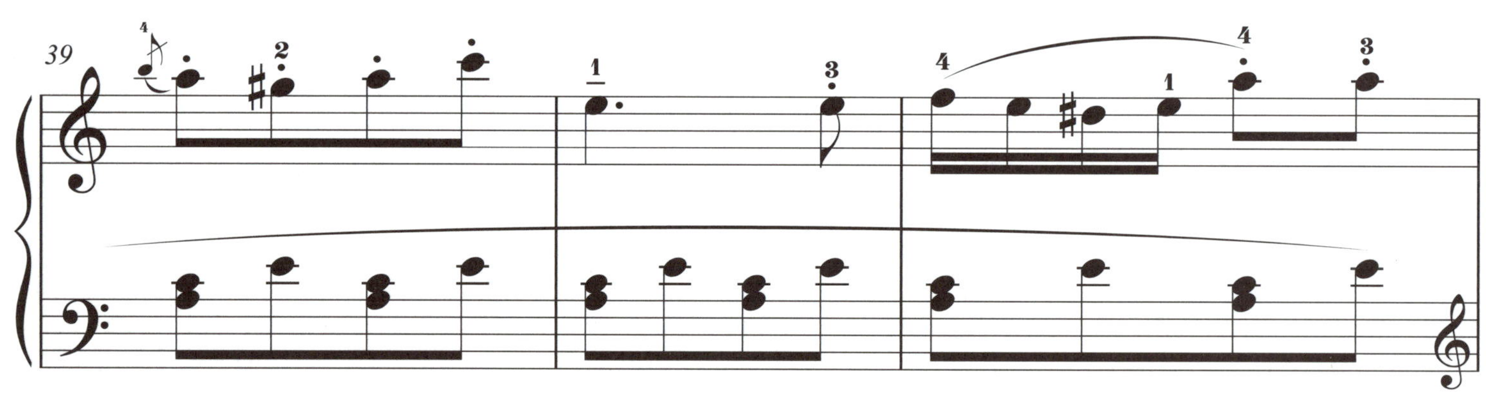
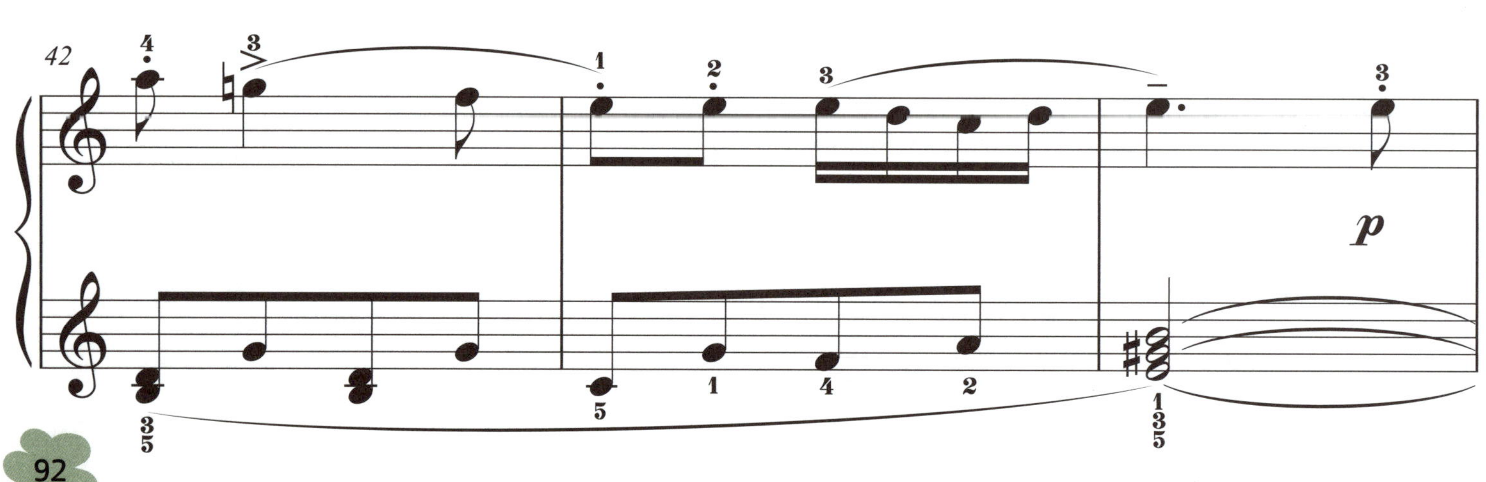

72
mp
75
mf
f
78
dim.
p
A
82
p
95

B
97
p
mf
p
103
106
dim.
f
A
p
100

코다

15 듀섹 소나티네 Op.20 No.1
제2악장 사(G)장조

박자 $\frac{3}{8}$ 박자

빠르기 **Allegretto. Tempo di Minuetto**(알레그레토 템포 디 미뉴에토)

곡의 느낌 조금 빠른 미뉴에트 템포로

미뉴에트는 17~18세기 유럽 궁정에서 유행하던 작은 보폭으로 움직이는 우아한 3박자의 춤입니다. 나중에 춤은 사라지고 작곡가들이 미뉴에트 곡을 쓰면서 3박자 기악곡의 한 형식이 되었습니다.

곡의 형식 론도 형식

연습과 곡의 표현

♥ A 부분의 짧은 슬러 이후 이어지는 스타카토는 건반의 반동을 이용하여 가볍게 치세요. 우아한 미뉴에트 춤을 상상해 보세요.

♥ B 부분은 *p* 로 부드럽게(*dolce*), 여덟 마디의 긴 프레이징으로 연주하세요.

♥ C부분은 조표가 플랫♭ 2개로 바뀌고 Minore(미노레, 단조)라는 단어가 붙어있습니다. 다시돌아오는 A부분 Maggiore(마지오레, 장조)와의 대조를 잘 표현해 보세요.

듀섹 소나티네 Op.20 No.1
제2악장

Rondo
Allegretto. Tempo di Minuetto

J. Dussek

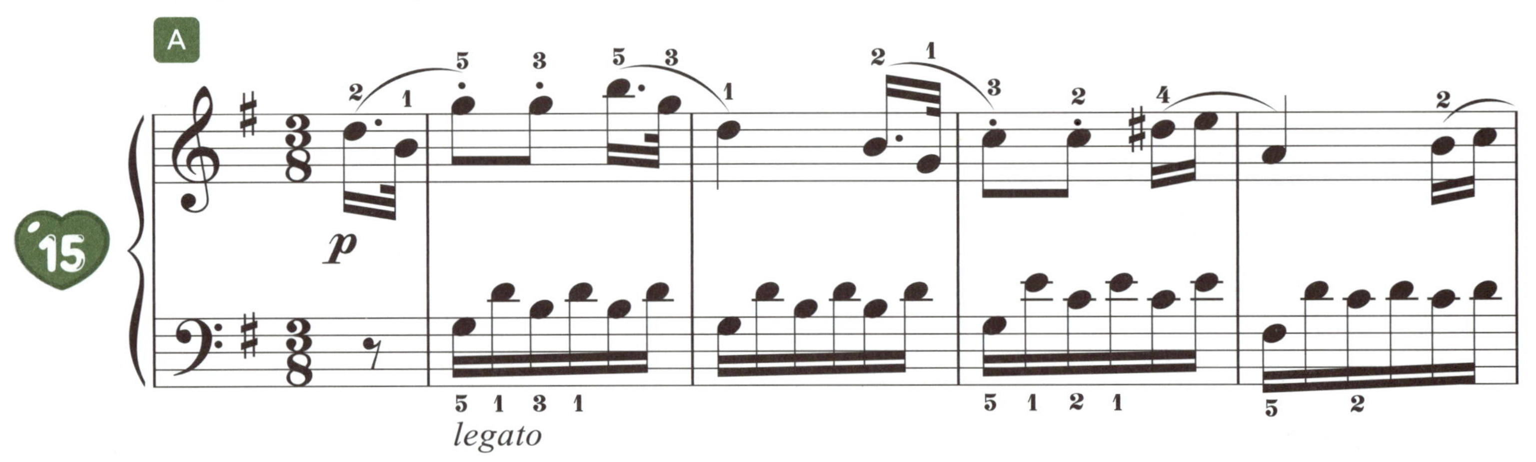

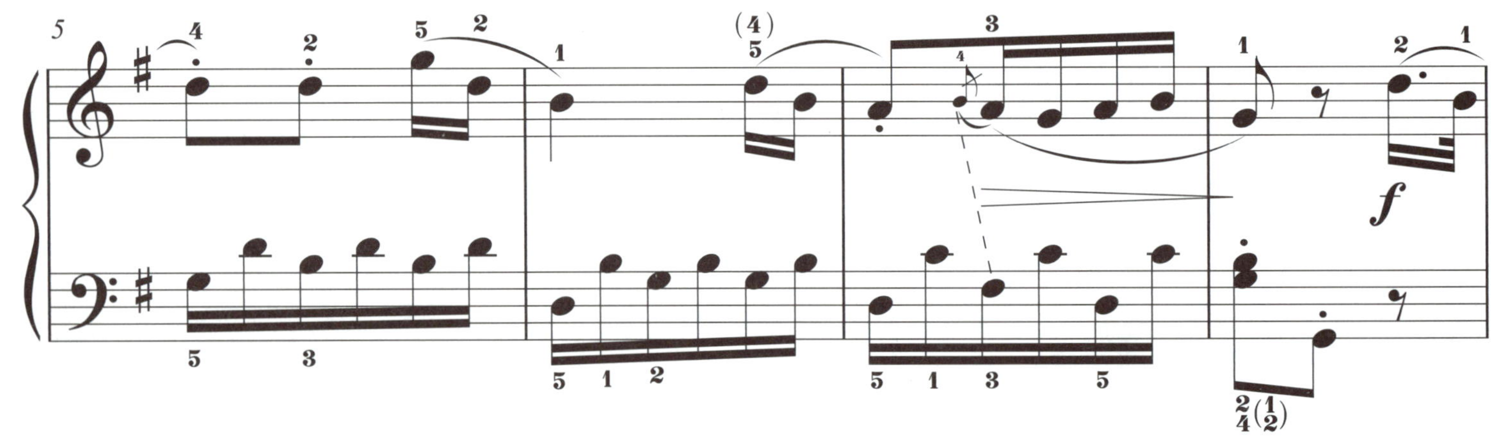

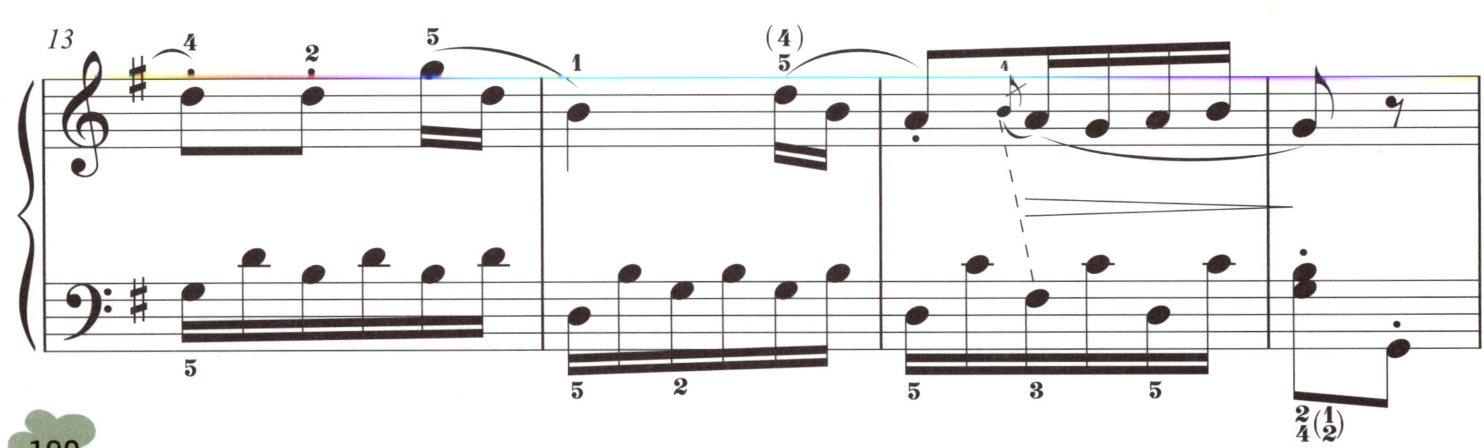

B
17
dolce
p
20
A'
23
legato
p
27
f
101

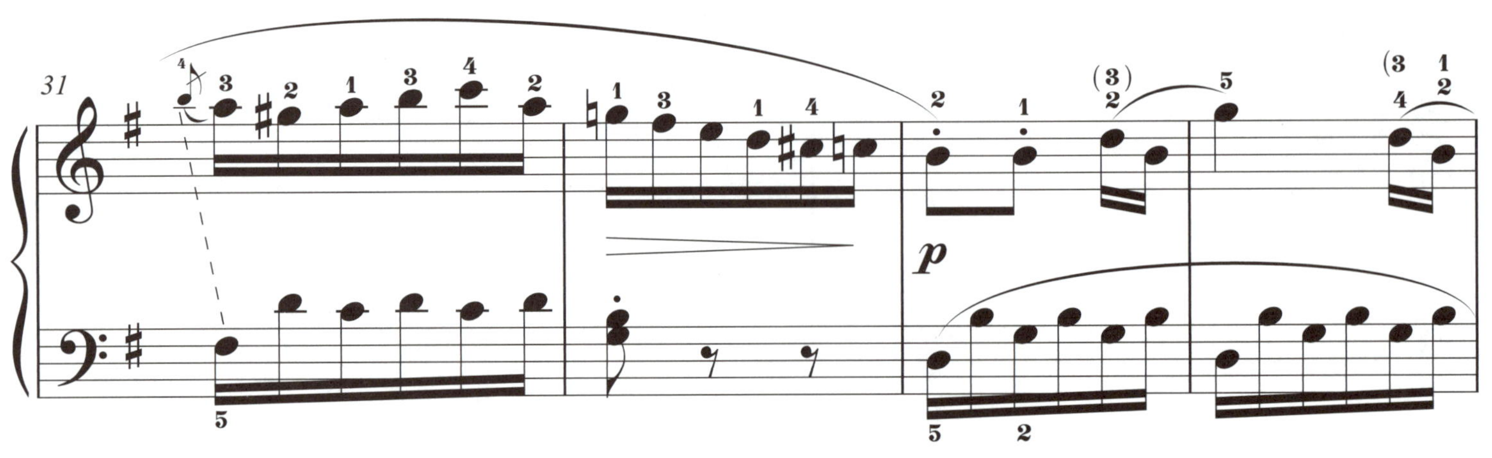

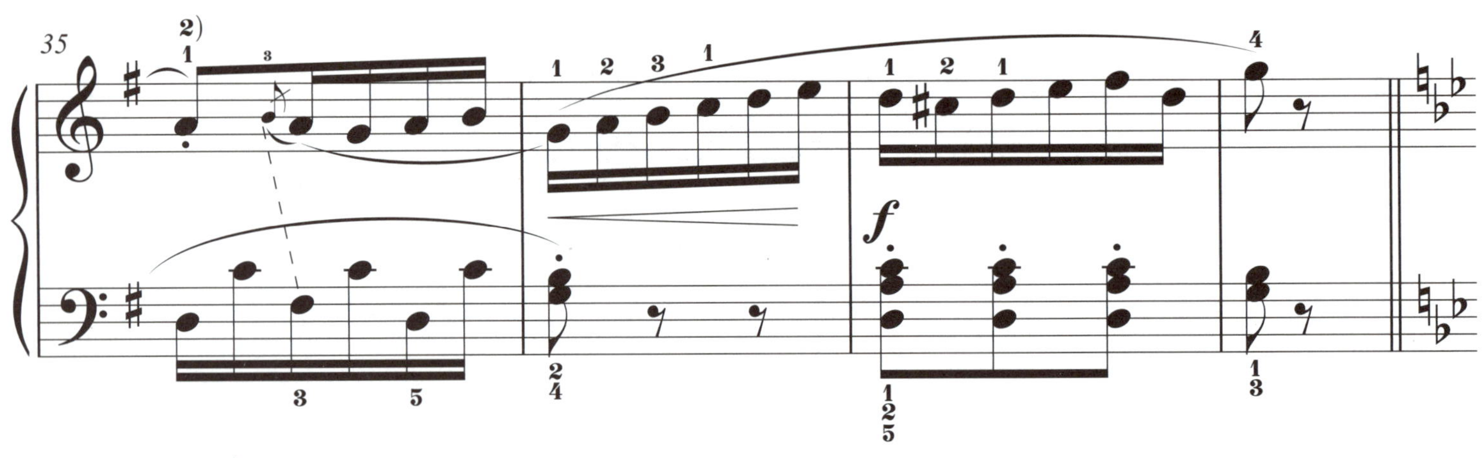

단조
Minore 39
C

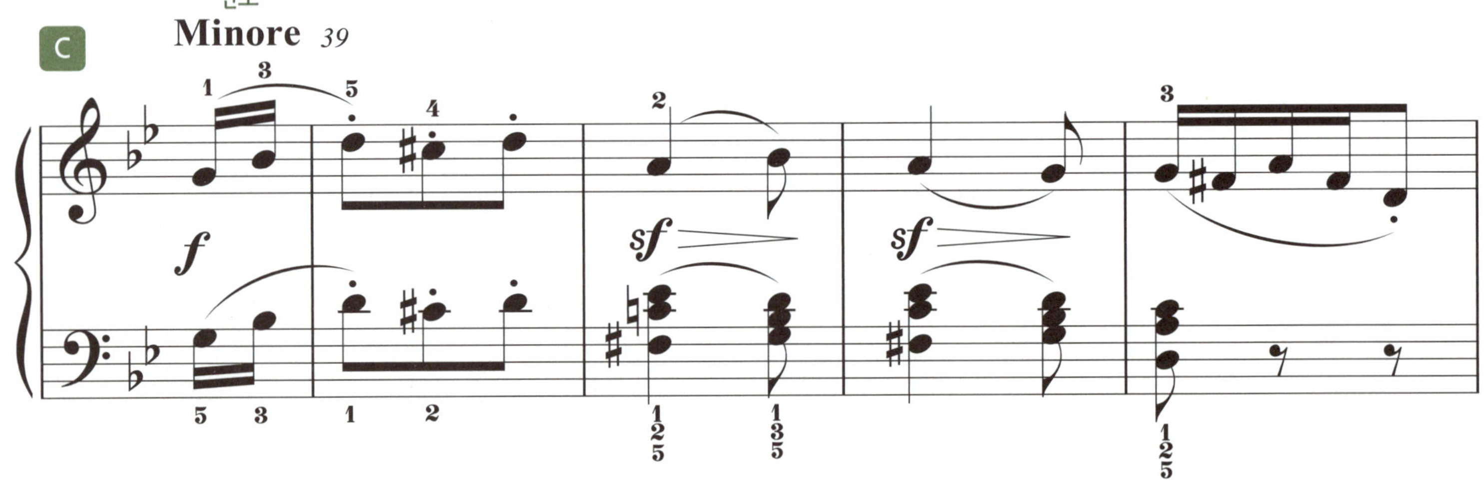

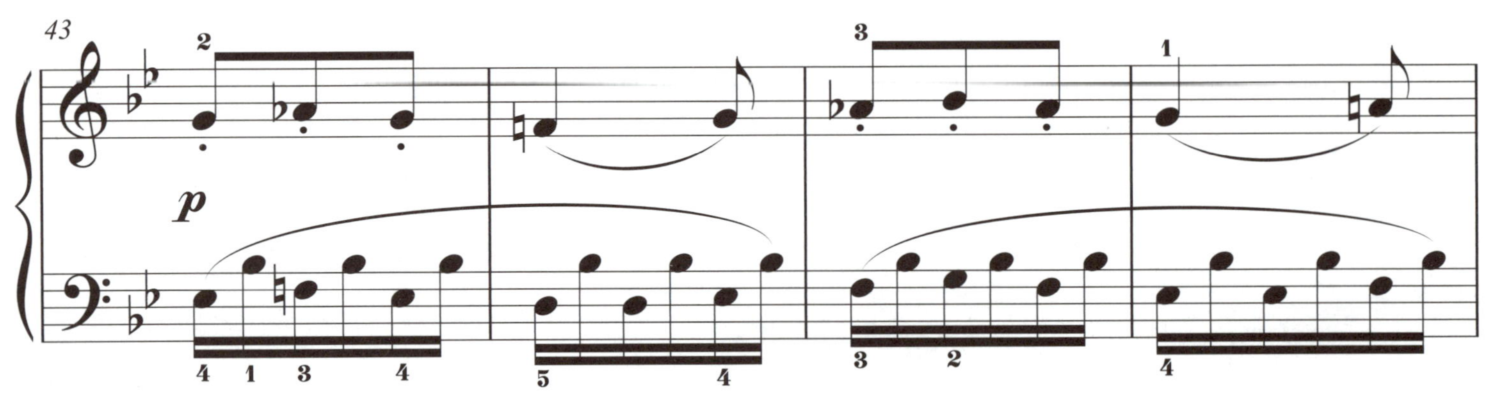

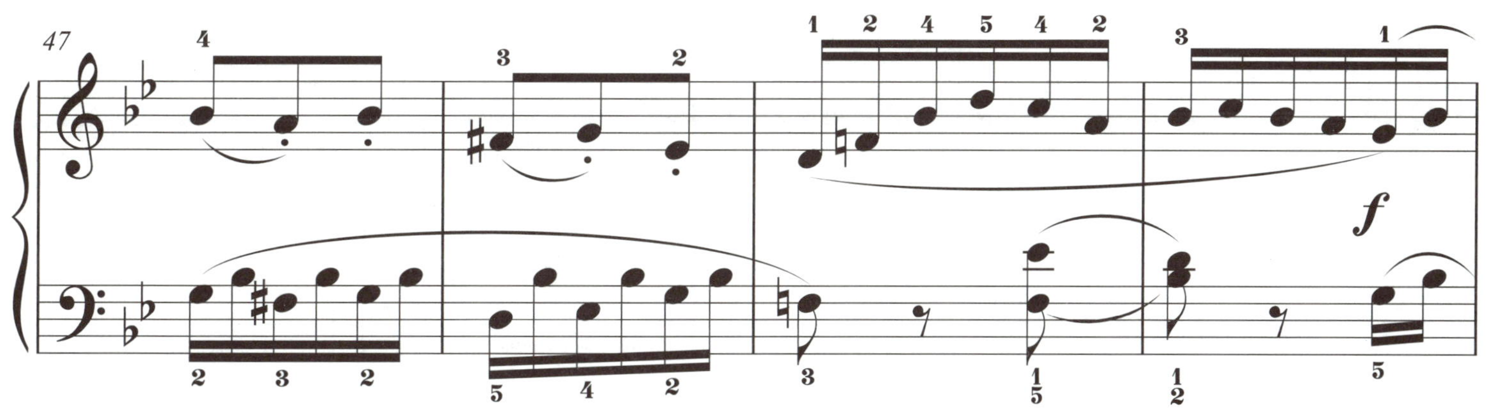

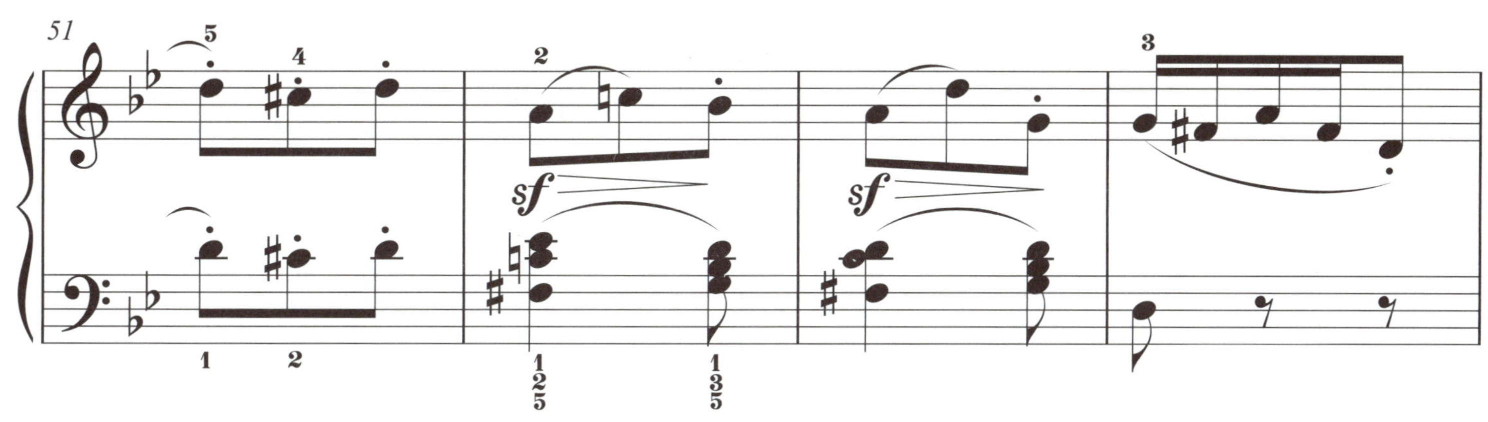

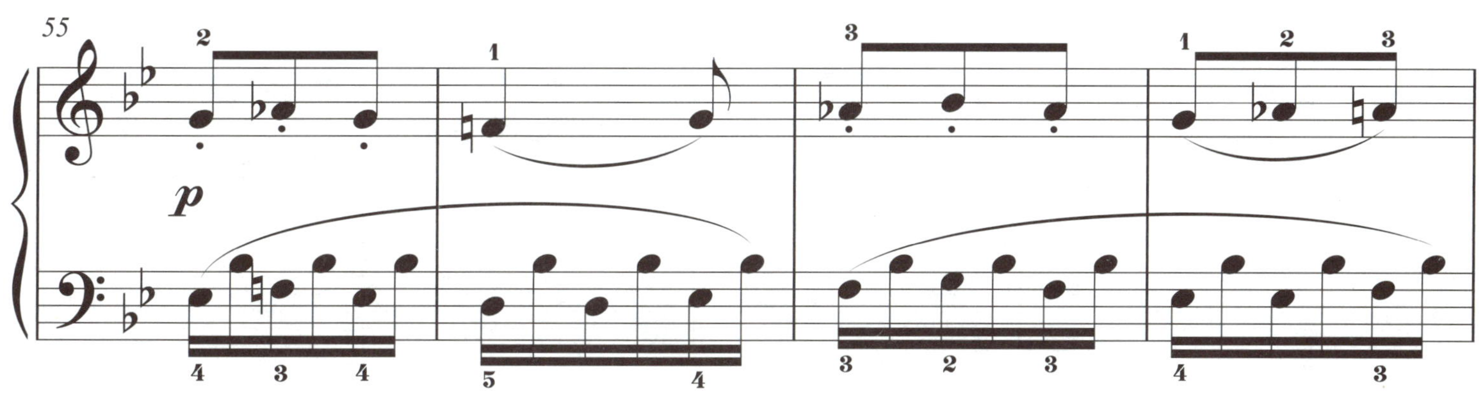

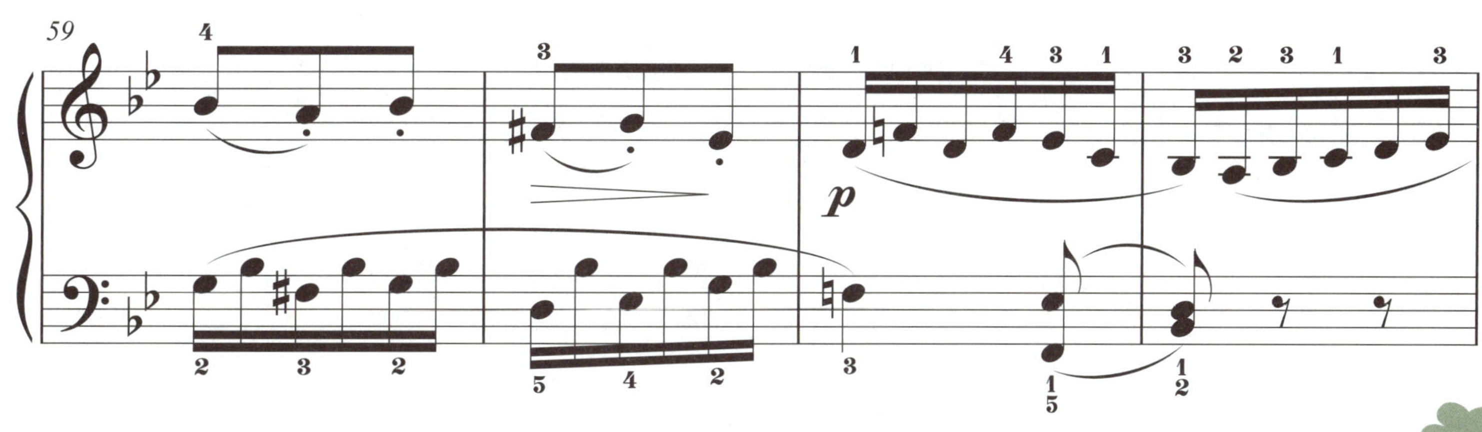

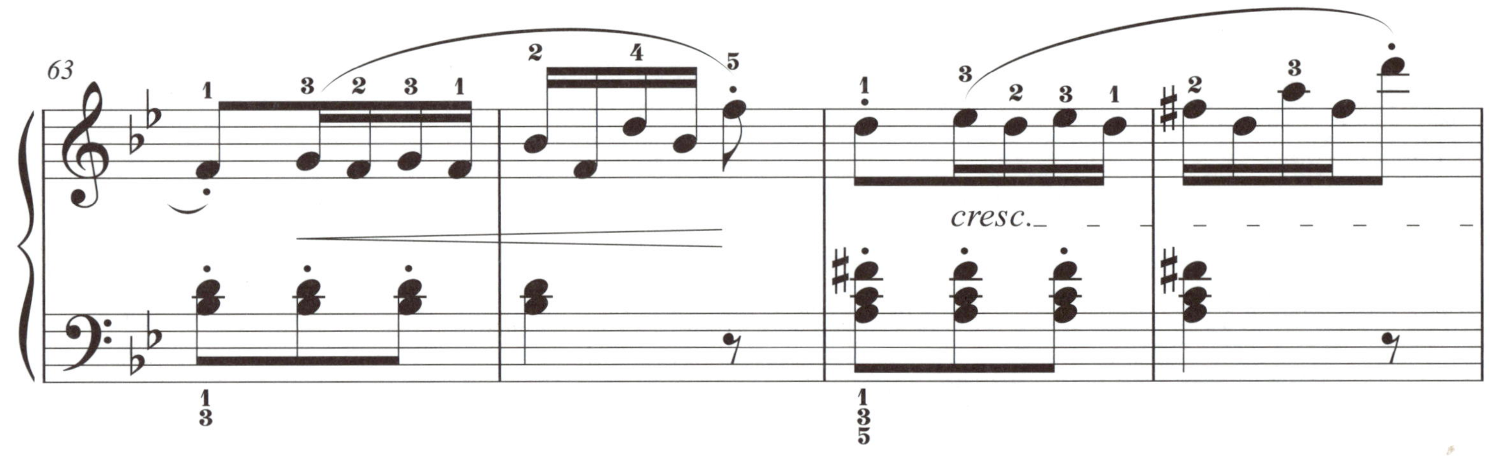

63
cresc.

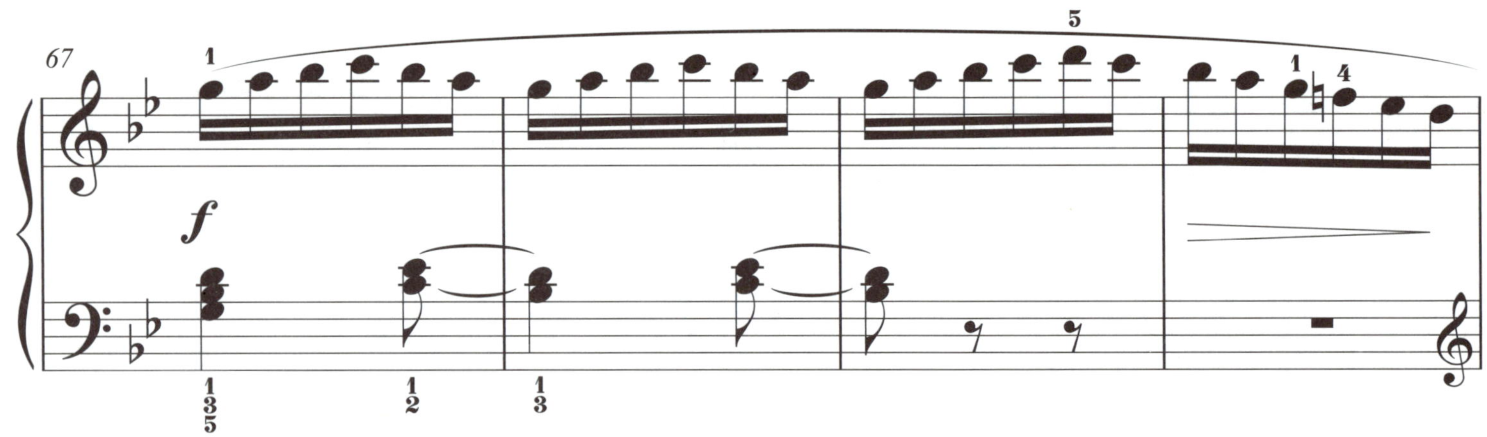

67
f

71
p

75
poco a poco cresc.

장조
Maggiore
A
79
f
legato
B
83
dolce
87
p
91
f

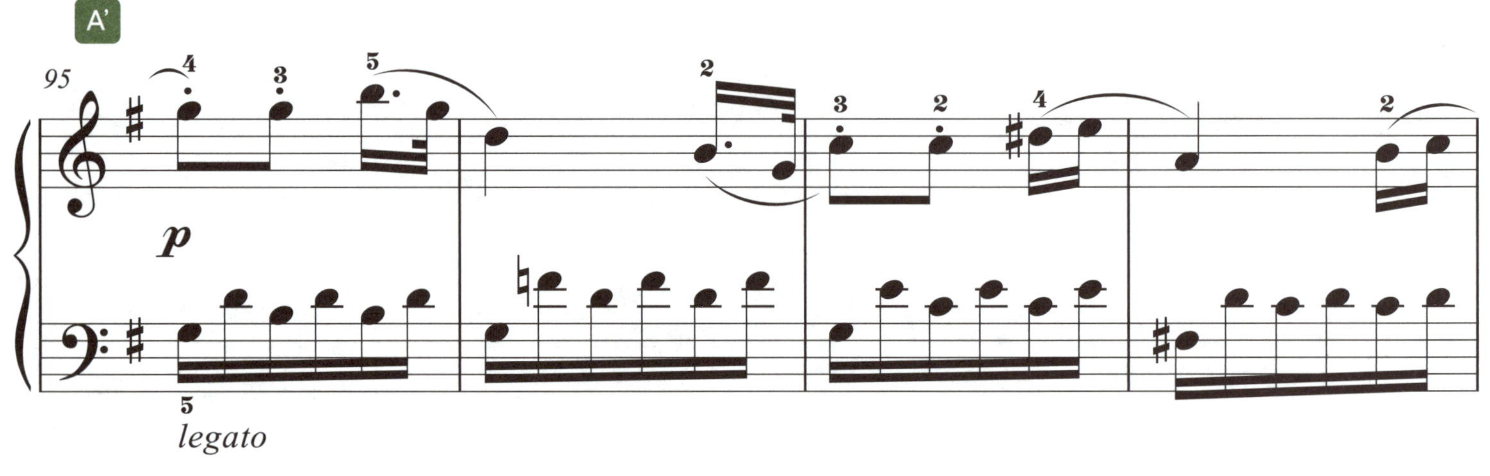

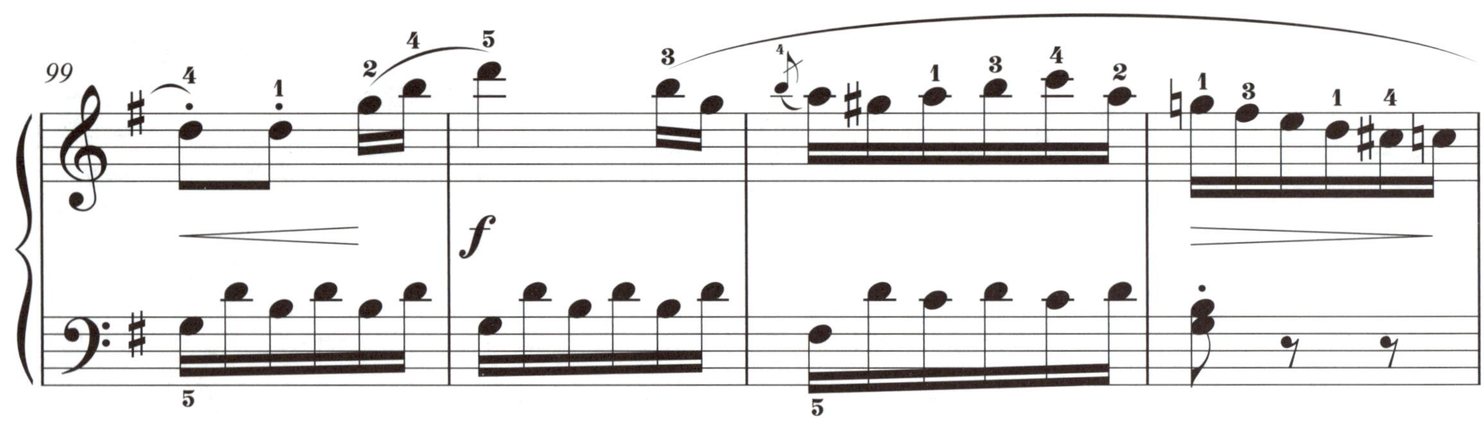

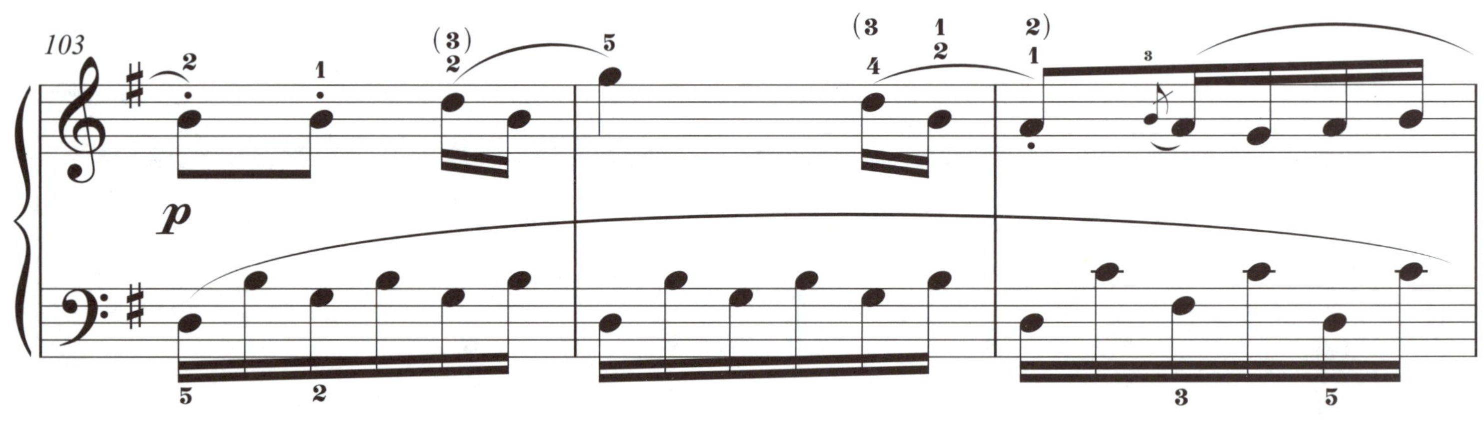

106

박자 $\frac{3}{4}$ 박자

빠르기 **Con Spirito**(콘 스피리토) **곡의 느낌** 활발하게, 생기있게

Con Spirito(콘 스피리토)의 con은 '~을 지니고'의 뜻을 가지고 있으며 spirito는 '영혼', '마음' 등의 뜻이 있습니다. Con Spirito는 '마음을 담아서'라고 해석하며 음악에서는 '생기있게', '활발하게' 정도로 해석하고 있습니다.

곡의 형식 소나타 형식

연습과 곡의 표현

♥ 제1주제는 f 로 시작합니다. 아래 악보를 참고하여 주제를 잘 표현해 보세요.

왼손 옥타브 반주는 1번 손가락에 힘을 주지 말고 5번 손가락에
약한 악센트를 주어 손목 회전을 사용하여 연습하세요.

클레멘티 소나티네 Op.36 No.4
제1악장

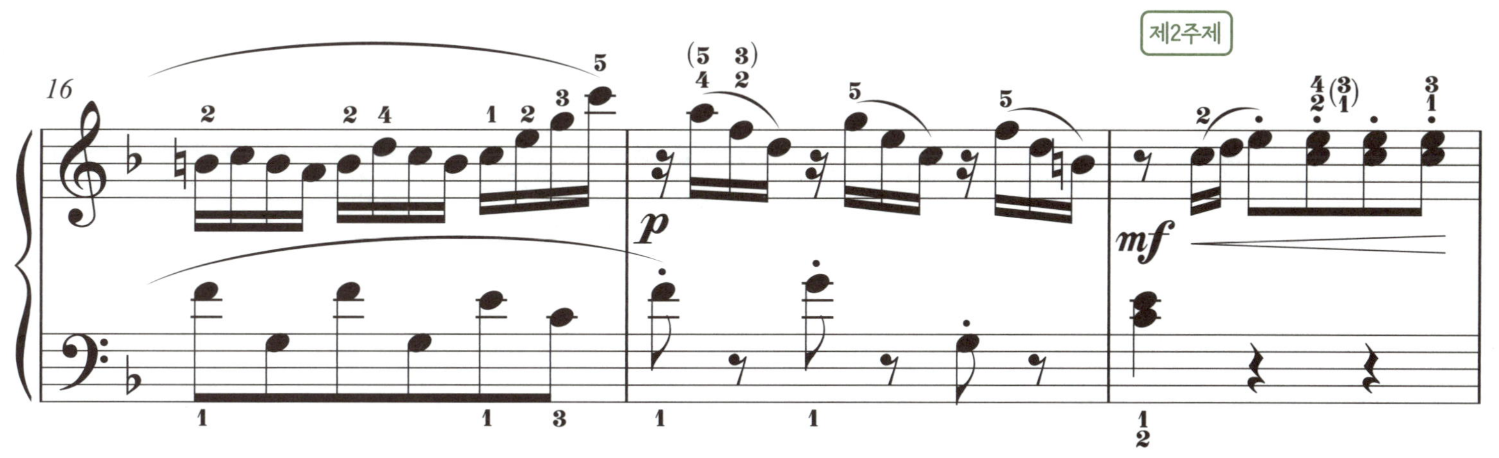
p
mf

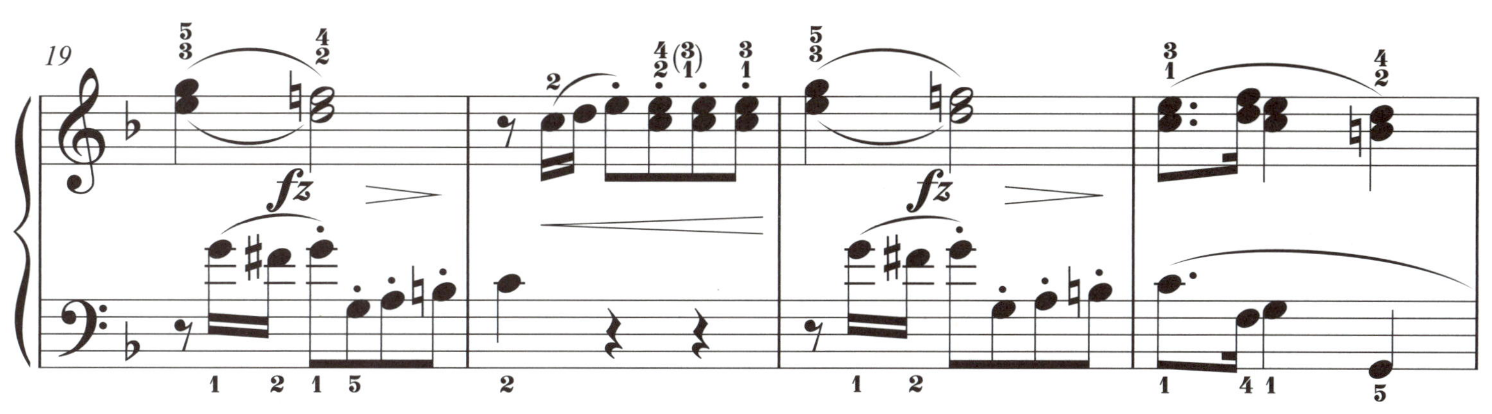
fz
fz

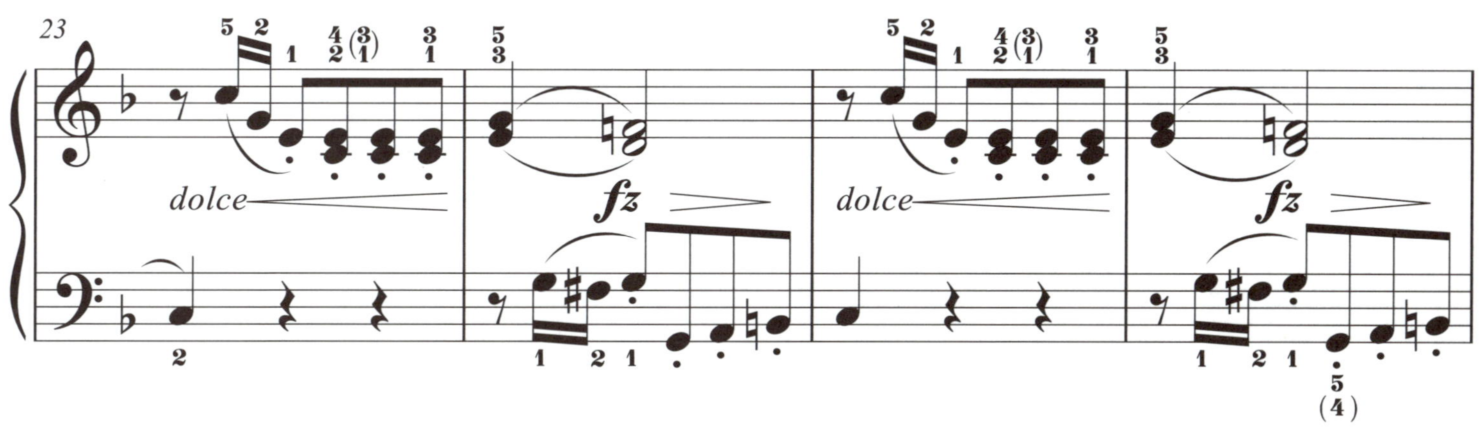
dolce
fz
dolce
fz

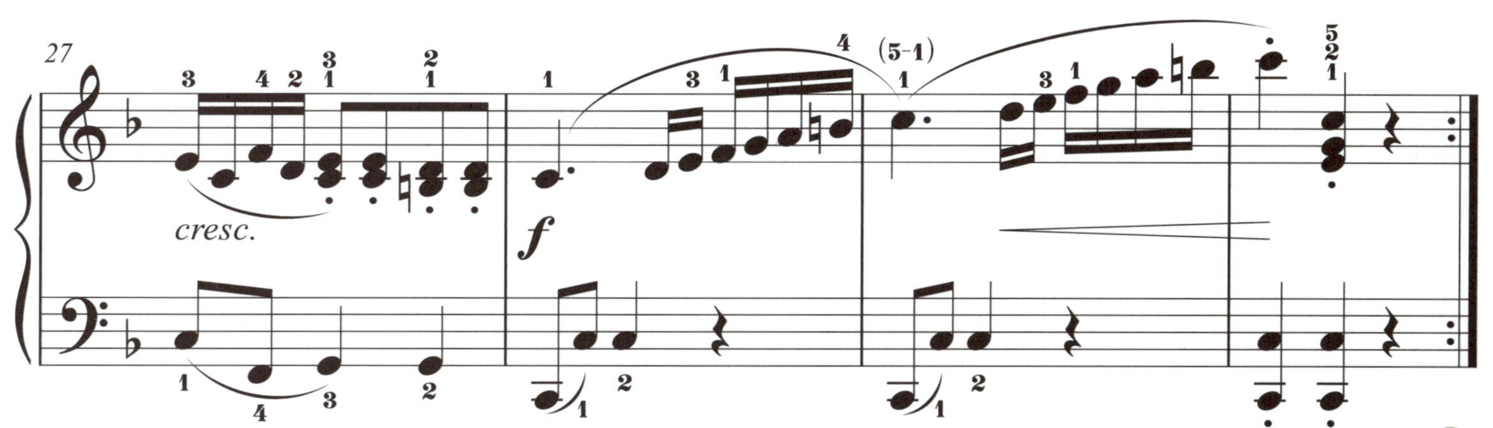
cresc.
f

전개부

31
p
cresc.
f
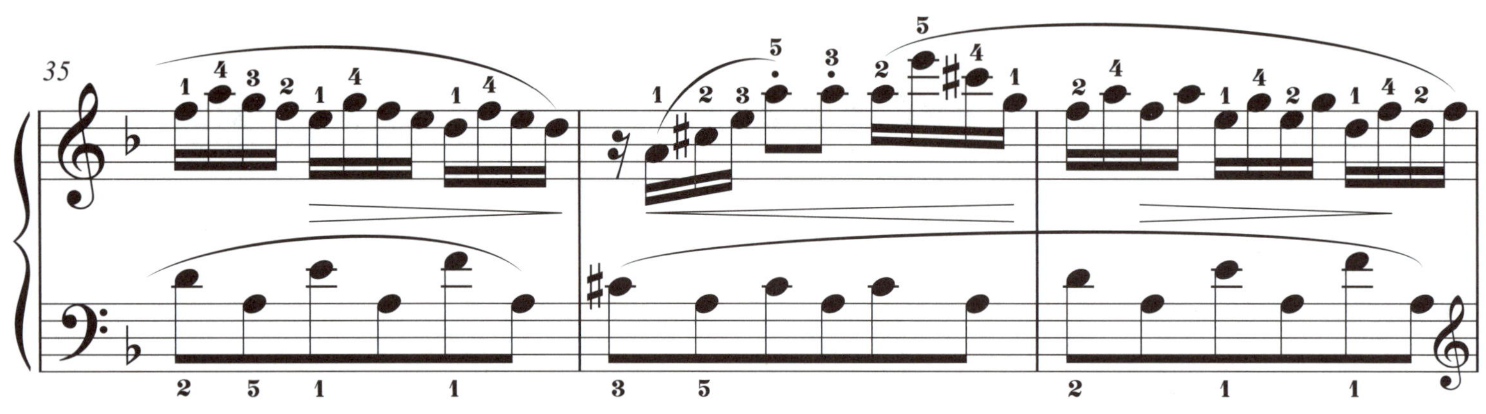
35
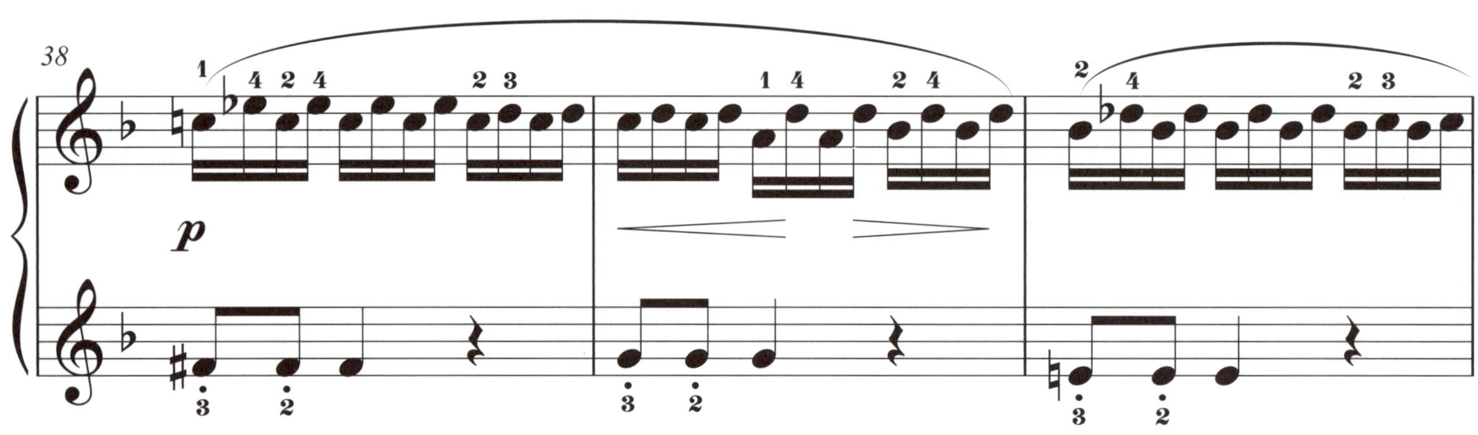
38
p
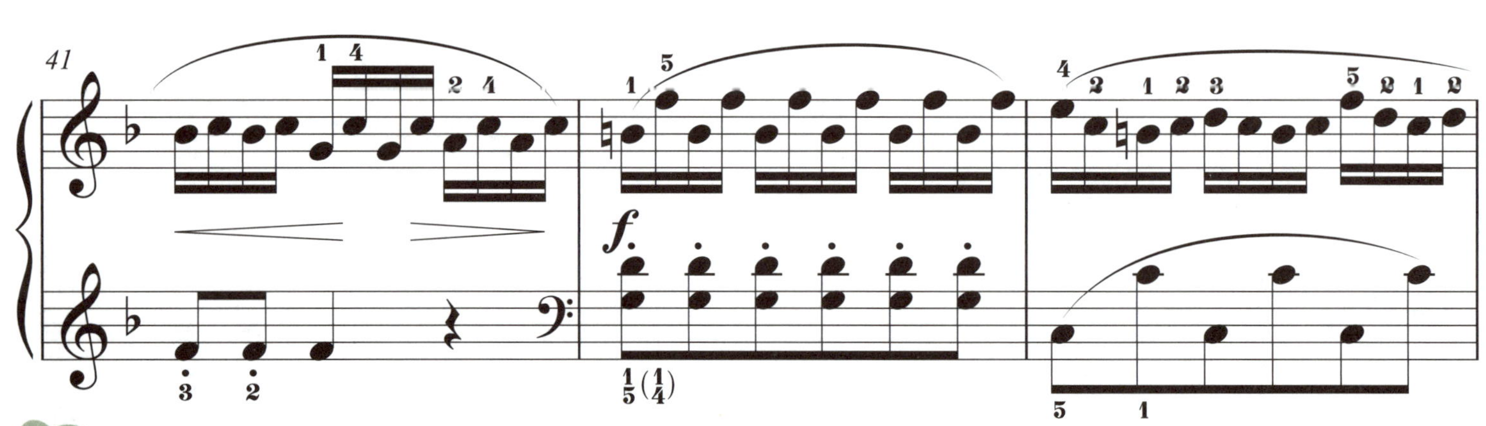
41
f

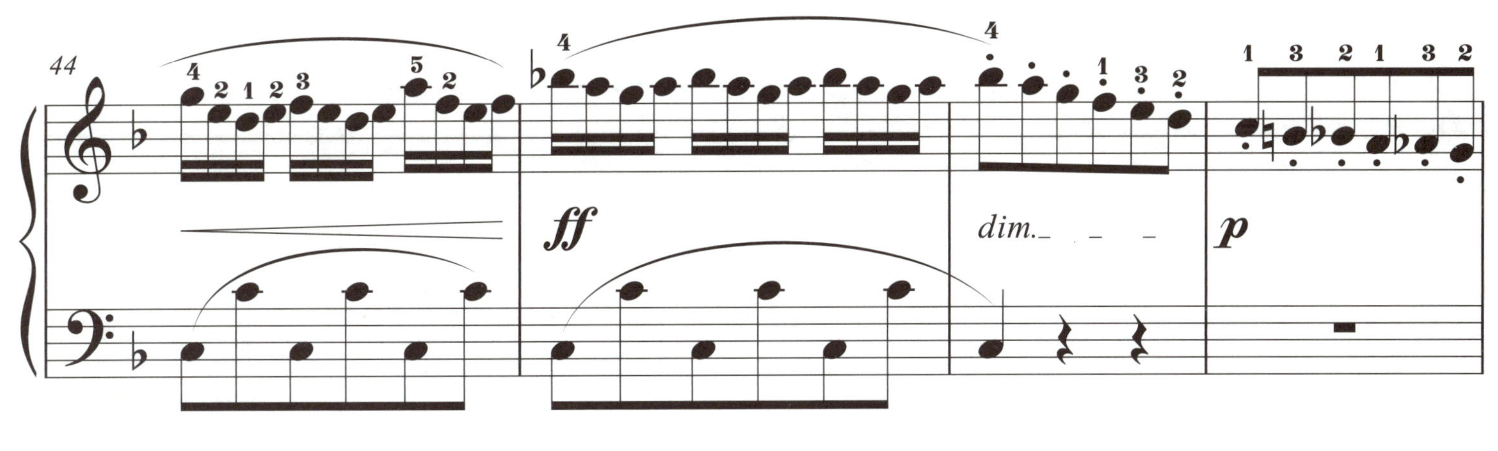

44
ff
dim.
p

재현부
제1주제

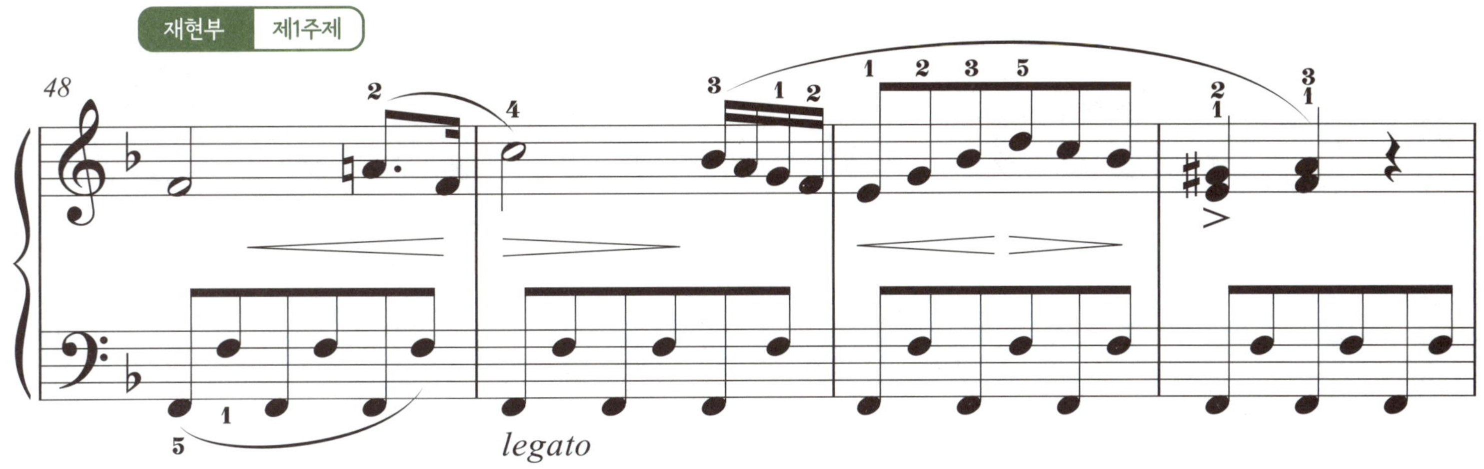

48
legato

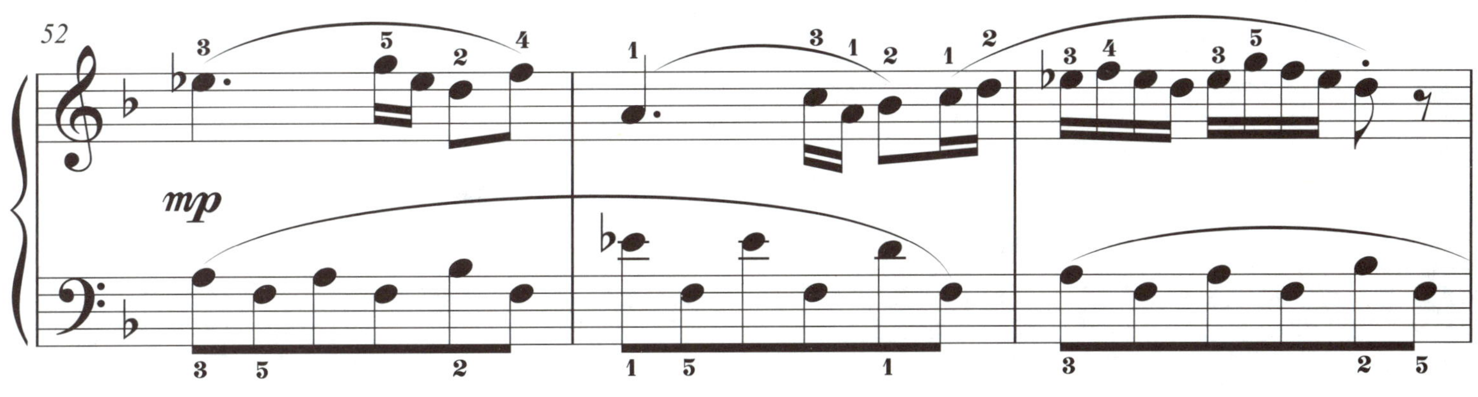

52
mp

55
mf
fz
fz

제2주제
58
p
mf
fz
61
fz
dolce
65
fz
fz
코다
68
cresc.
f
112

17 클레멘티 소나티네 Op.36 No.5 제3악장 사(G)장조

박자 $\frac{2}{4}$ 박자

빠르기 **Allegro di molto**(알레그로 디 몰토)

곡의 느낌 매우(di molto) 빠르고 활발하게

di molto(디 몰토)의 di는 '의'라는 뜻을 가지고 있으며, molto는 '매우', '무척' 등으로 해석합니다.

곡의 형식 론도 형식

연습과 곡의 표현

♥ A 부분 주제는 짧은 슬러로 표시하고 있지만 4마디씩 하나의 프레이즈로 연습하세요.

♥ C 부분은 왼손에 멜로디가 나옵니다. 오른손은 스타카토로 여리게, 왼손은 레가토로 연주하세요.

클레멘티 소나티네 Op.36 No.5
제3악장
Rondo
Allegro di molto
M. Clementi
A
17
p
p
p
4
f
8
12
fz
fz
fz
114

B
16
p
20
cresc.
f
24
dim.
A'
28
p
p
115

116

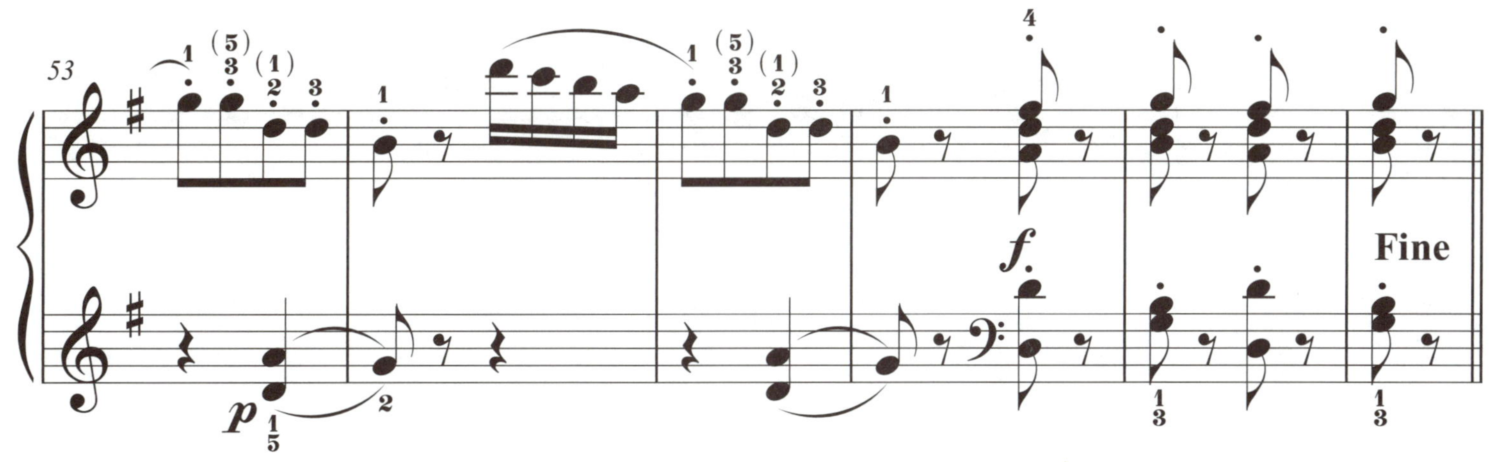

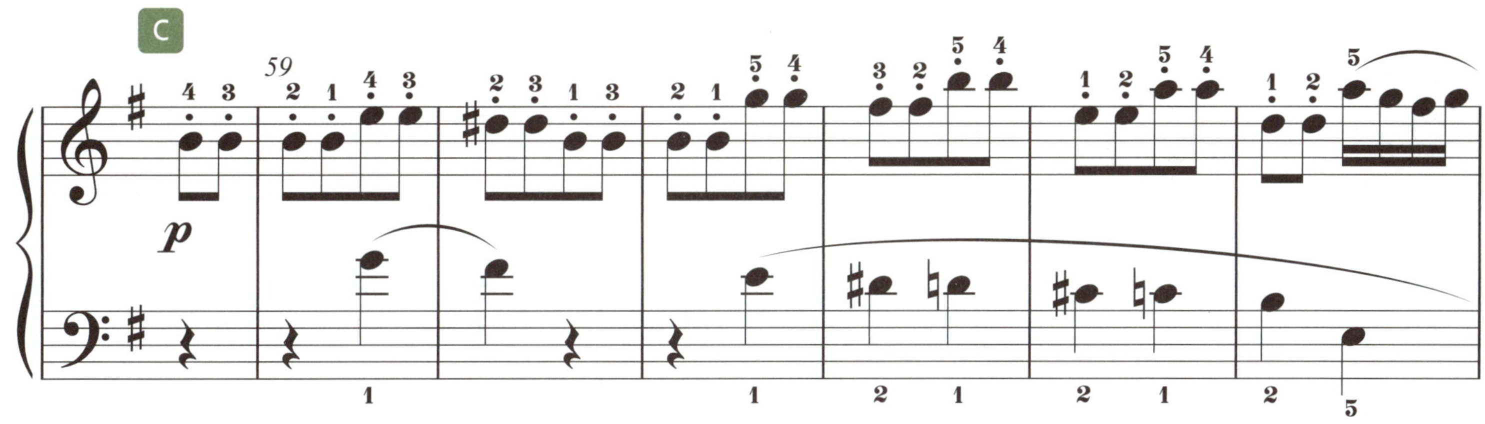
C

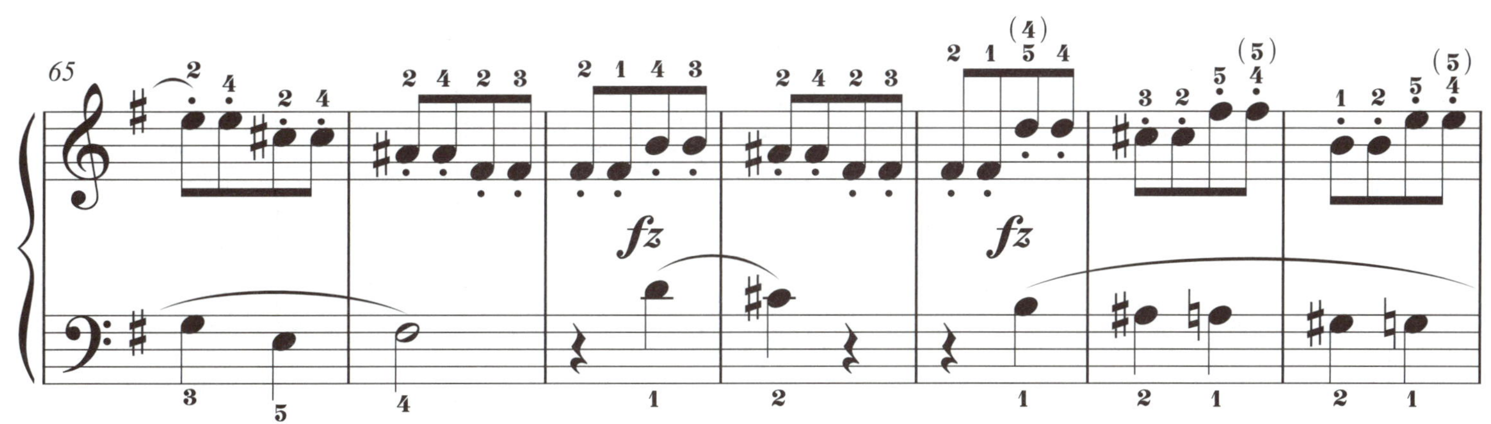

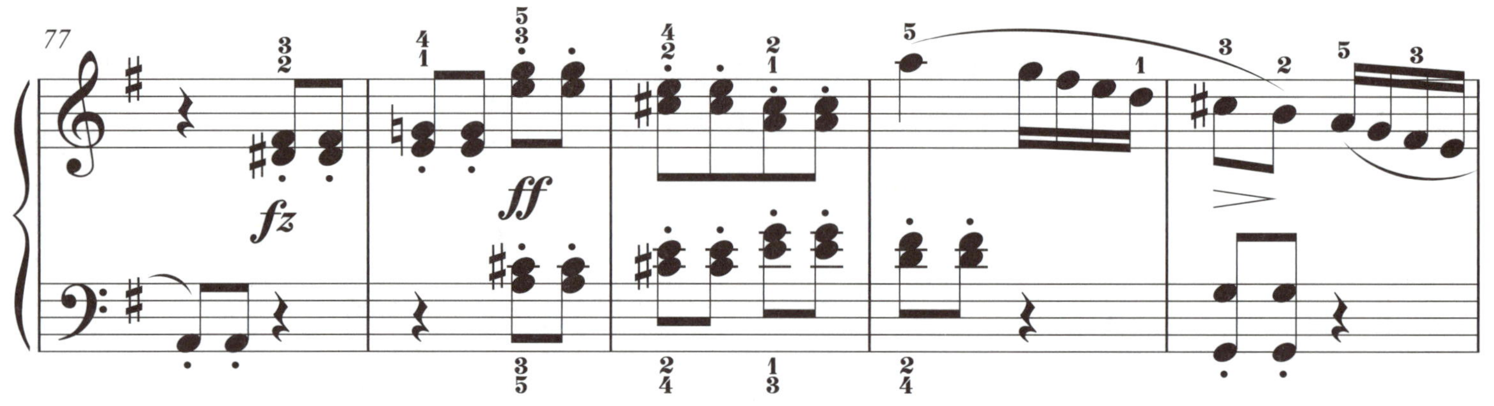
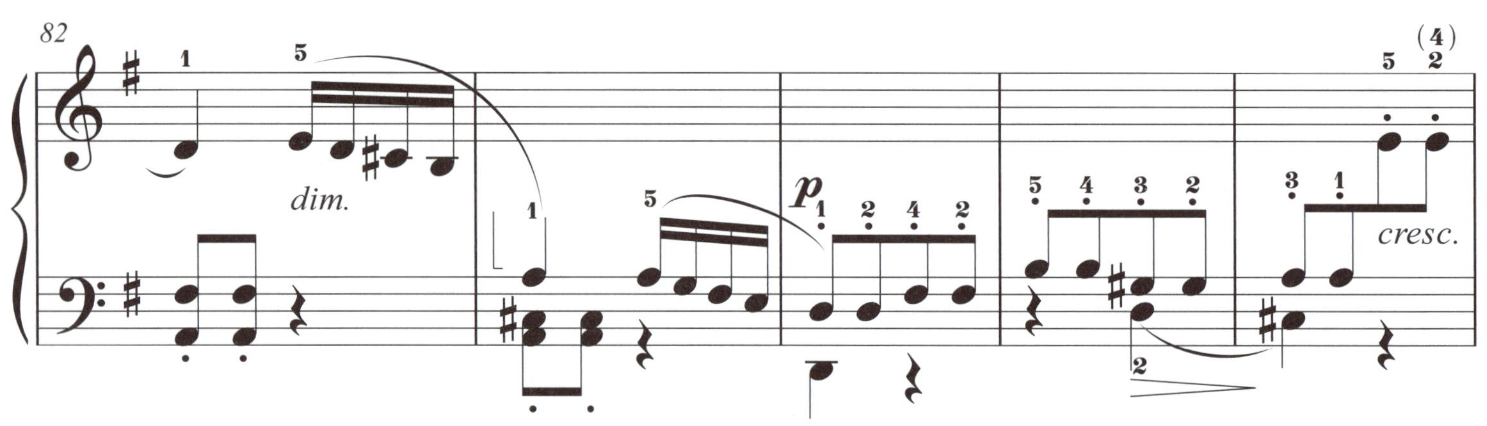
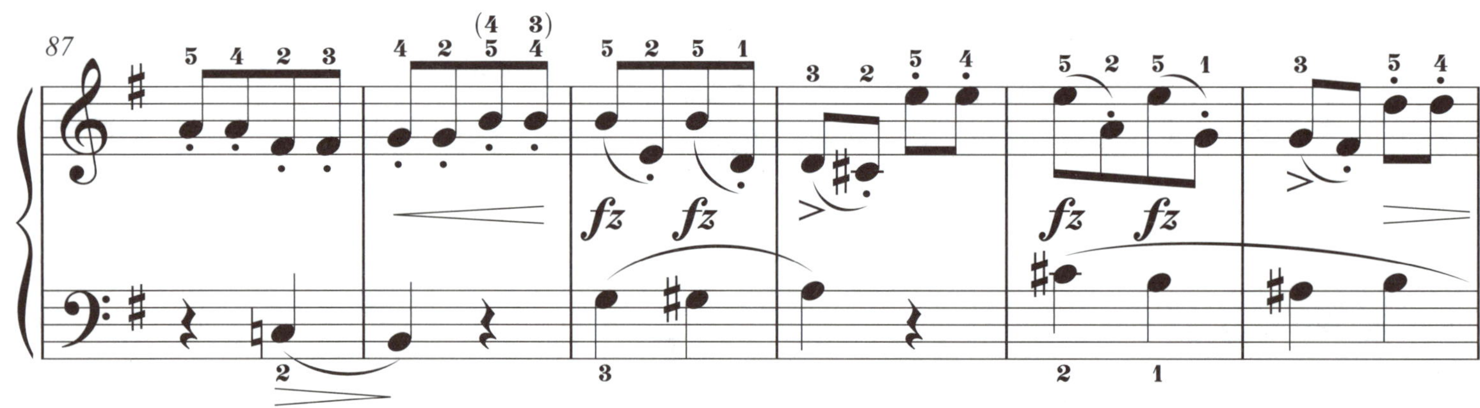
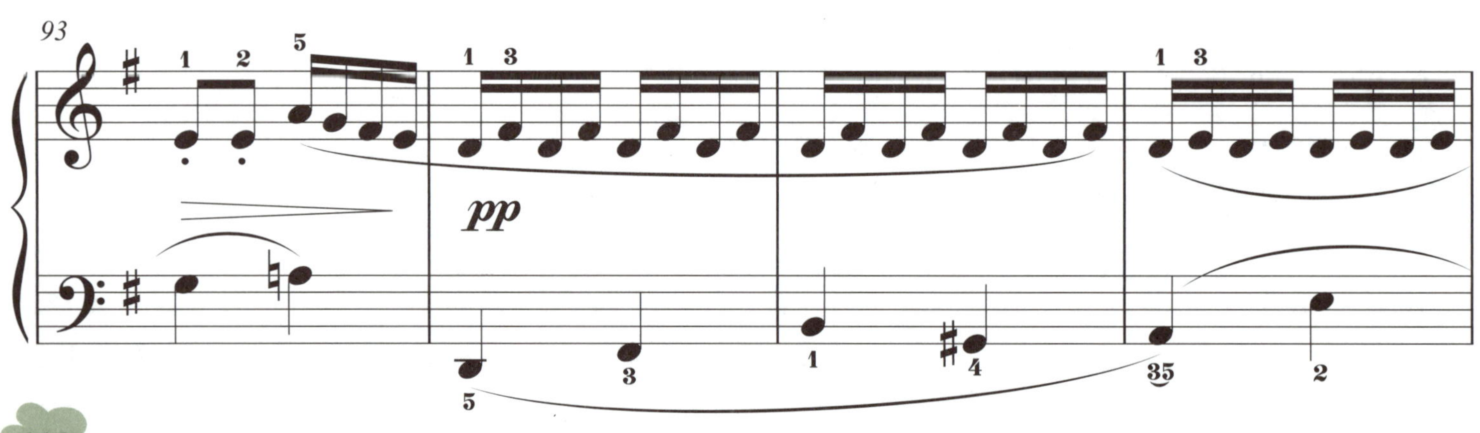

97
f
101
ff
105
mf
decresc.
점점 여리게
109
pp
D.C. al Fine
처음으로 돌아가서
Fine에서 끝마침
119

얀 라디슬라브 듀섹
(Jan Ladislav Dussek)
1760~1812

듀섹은 지금의 체코인 보헤미아 차슬라프 출신의 작곡가이자 피아니스트로, 오르가니스트이자 작곡가였던 아버지에게 오르간과 피아노를 배웠습니다.

그는 구텐베르크에서 성가대 및 오르가니스트로 활동하다가 네덜란드 암스테르담, 헤이그 등에서 피아니스트로 이름을 알리게 되었습니다. 이후 프랑스, 독일, 영국 등 유럽 전역을 순회하며 피아니스트로 폭넓게 활약한 피아노의 거장 중 한 사람입니다.

파리에서 활동하던 때, 프랑스의 마리 앙투아네트 여왕은 1788년 듀섹이 밀라노 연주 여행을 가지 못하도록 설득했을 만큼 듀섹의 음악을 좋아하는 후원자 중 한 명이었습니다. 그러나 듀섹은 밀라노에 있는 형제인 프란츠를 보기를 원하여 연주여행을 떠났으며, 당시 그의 연주는 "센세이션을 일으켰다."라는 평가를 받았습니다.

듀섹 소나티네 Op.20 No.1
제1악장 사(G)장조

박자 $\frac{4}{4}$ 박자

빠르기 **Allegro non tanto**

곡의 느낌 빠르게, 너무 지나치지 않게(non tanto)

non tanto(논 탄토)는 이탈리아어로, non은 부정의 의미인 '아니', tanto는 '지나치게', '너무'의 뜻을 가지고 있습니다. non tanto(논 탄토)는 '너무 지나치지 않게'

곡의 형식 세도막 형식

연습과 곡의 표현

♥ 1마디 오른손 둘째 박 2분음표는 당김음에 의한 악센트가 옵니다.

♥ 왼손 반주는 멜로디보다 작고 고르게 연주하세요. 5번 손가락은 지속음, 1번 손가락은 가볍게

듀섹 소나티네 Op.20 No.1
제1악장

J. Dussek

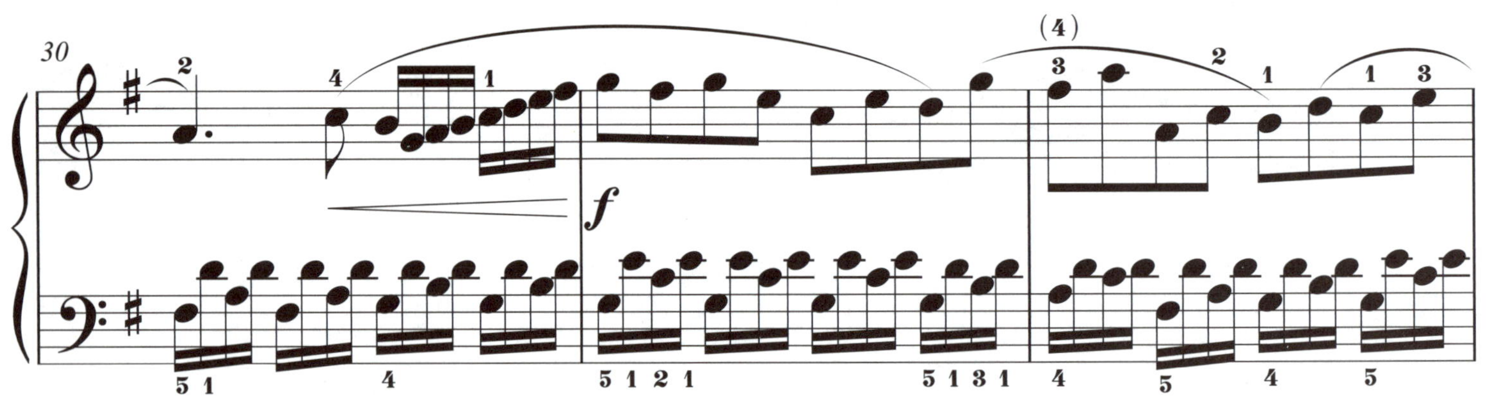

27
sf
legato
p
5 1 2 1
2

30
(4)
f
5 1
4
5 1 2 1
5 1 3 1
4
5
4
5

33
p
f
2
2 1 2 1 2 1

36
p
cresc.
f
5

코다

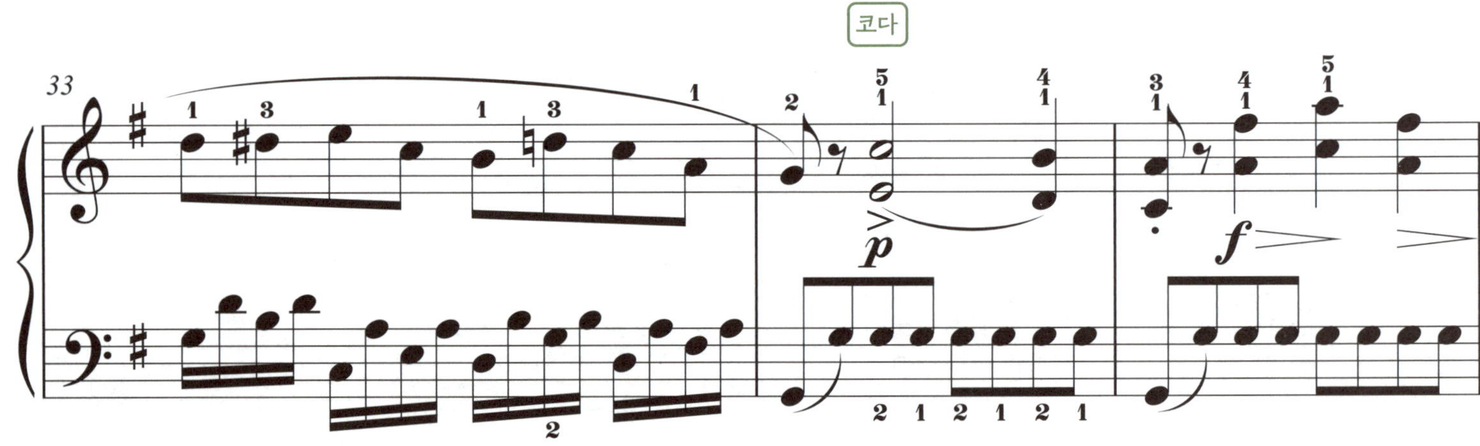

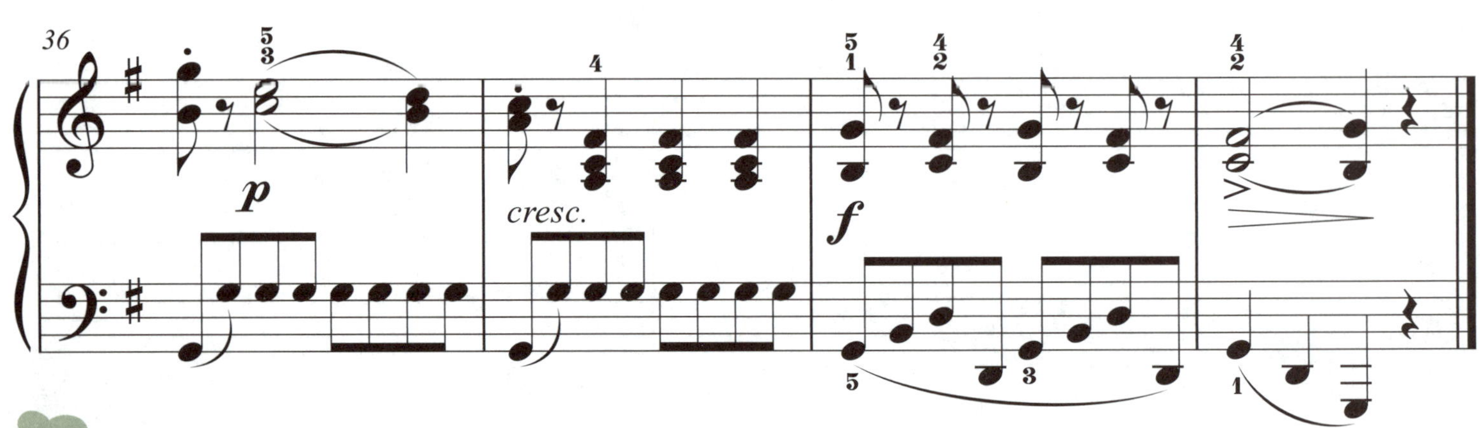

19 쿨라우 소나티네 Op.55 No.2
제3악장 사(G)장조

박자 $\frac{2}{4}$ 박자

빠르기 **Allegro**(알레그로)

곡의 느낌 빠르고 경쾌하게

곡의 형식 변형된 겹세도막 형식

연습과 곡의 표현

♥ 음계형 주제 선율은 손목을 상하로 움직이지 말고 음계를 따라 좌우로 자연스럽게 움직이세요.

♥ 반음계는 앞서 배운 것과 같이 손가락 번호를 잘 지켜서 연습하세요. 1, 2, 3번 손가락을 주로 사용하므로 동그란 손 모양을 유지하며 연주하세요.

미리 맛보기

♥ **음계 연습**

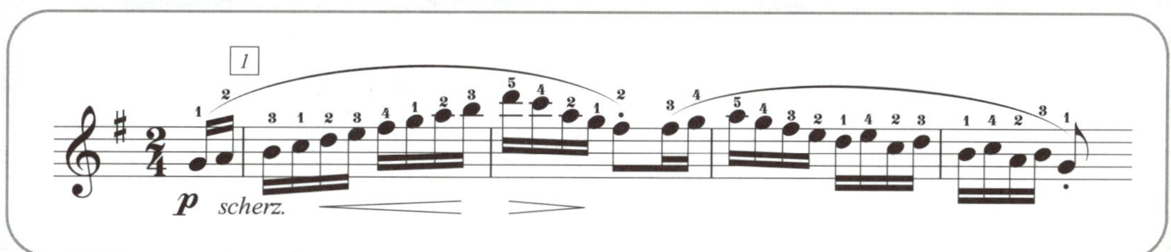

1번 손가락으로 건반을 누를 때는 손목을 내려서 건반 쪽으로 가깝게 하고, 음계가 올라가면서 5번 손가락으로 누를 때는 손목을 5번 손가락 방향으로 올리면서 1번 손가락이 건반과 떨어지게 합니다.

쿨라우 소나티네 Op.55 No.2
제3악장

F. Kuhlau

연결구
f
sf
f
sf
B
p
p
pp

33
cresc.

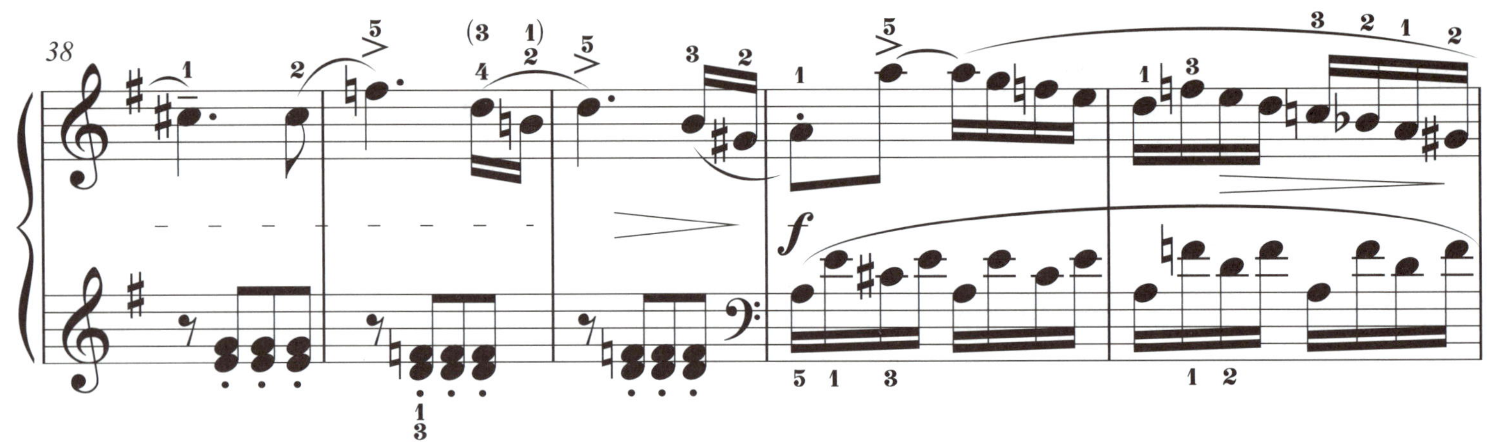

38
f

43
f
p

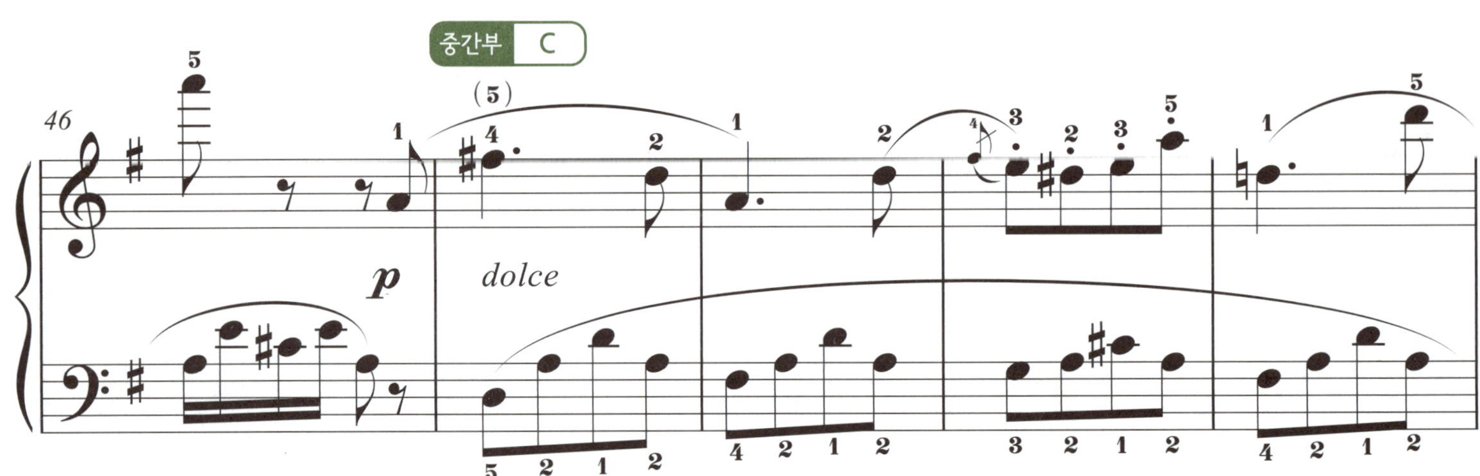

중간부　C
46
p
dolce

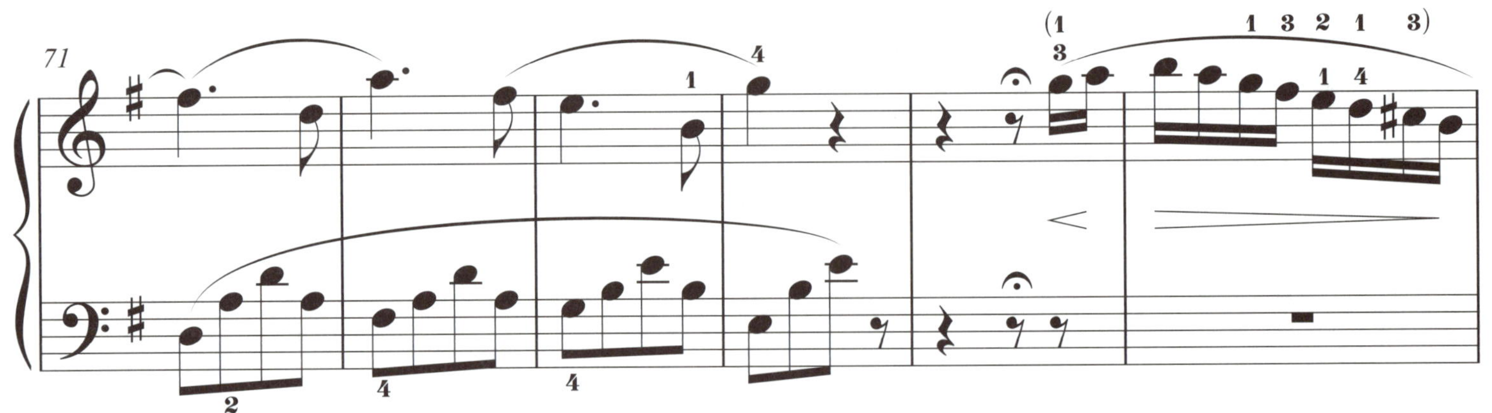

71
(1 3 1 3 2 1 3)
3
1 4

77
8va
2 1
3 1 2
1 2 1
3 1
3 1
4 1
5
1 4
p
cresc.
f
1
3
1
5

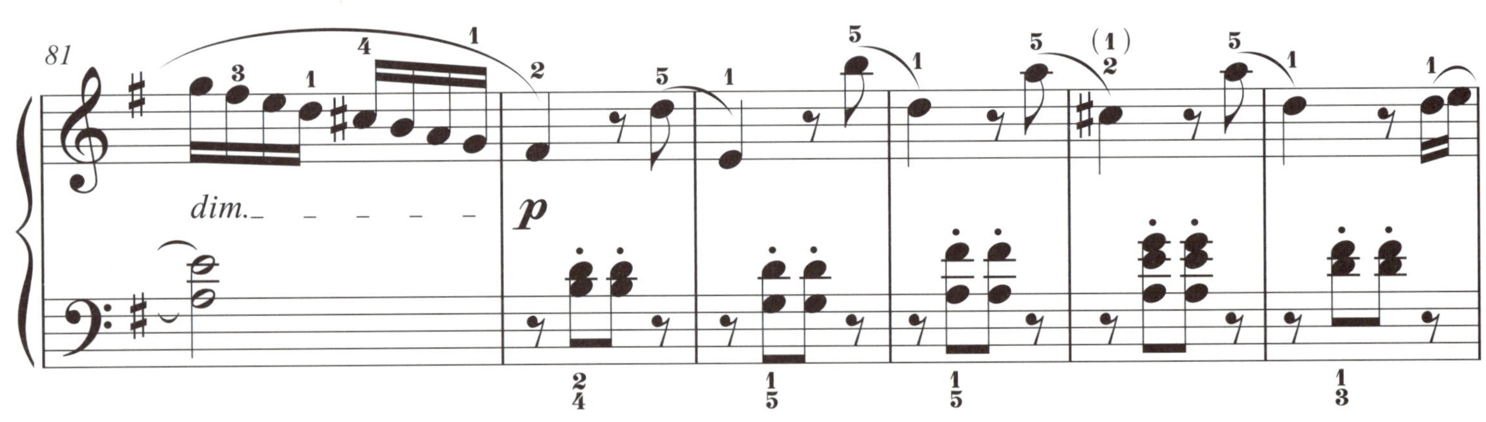

81
3 1
4 1
2
5 1
5 1
5 (1) 2
5 1
1
dim.
p
2
4
1
5
1
5
1
3

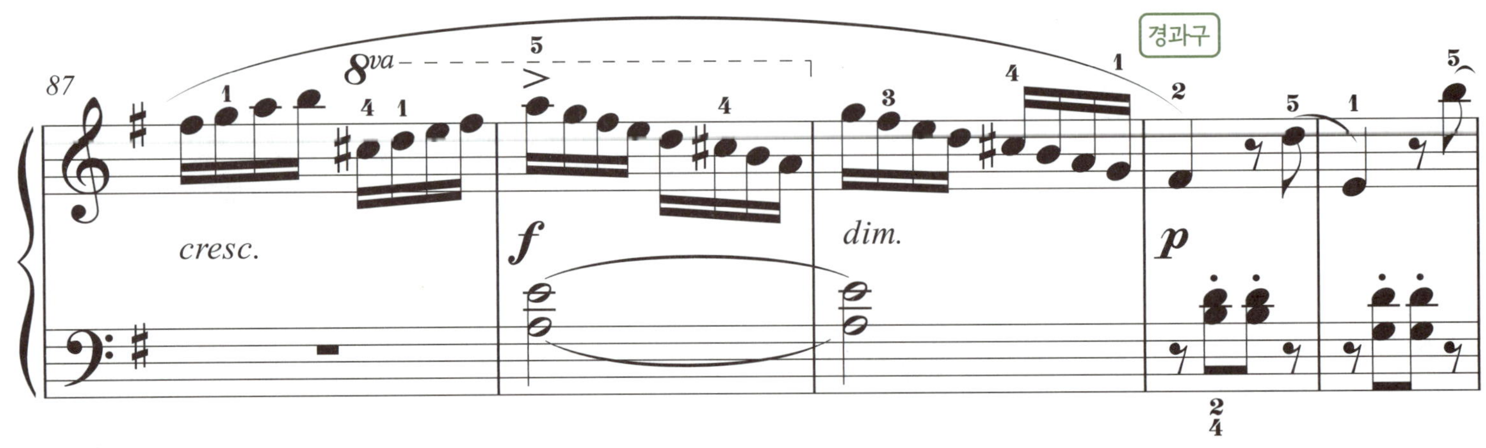

87
8va 5
1 1
4 1
4
3
4
2
5 1
5 1
경과구
cresc.
f
dim.
p
2
4

92
dim.

제3부 A'
99
rit.
점점 느리게
p a tempo
본래의 빠르기로

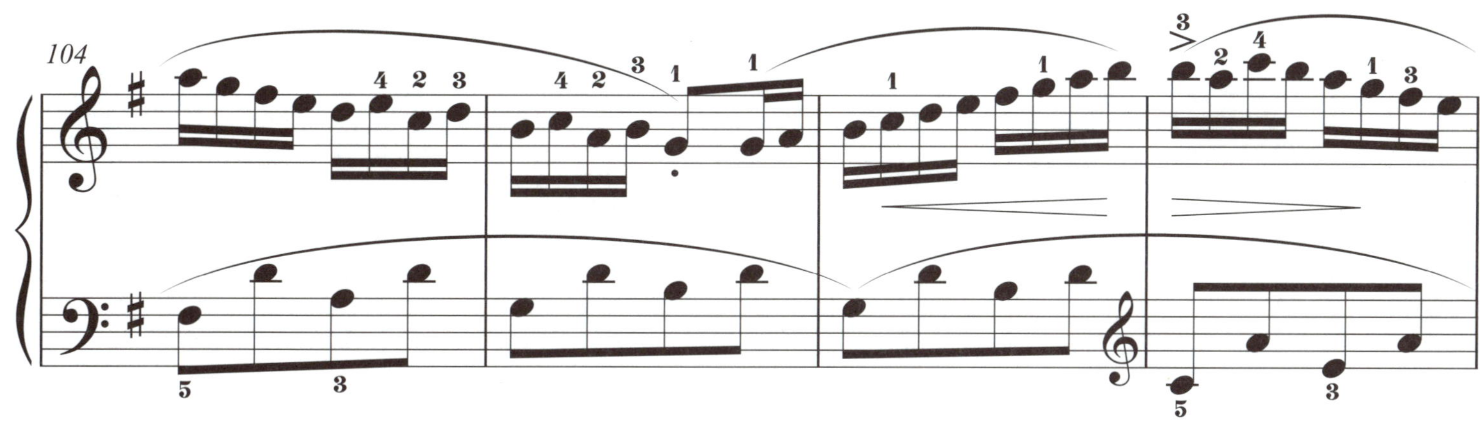

104

108
p
cresc.

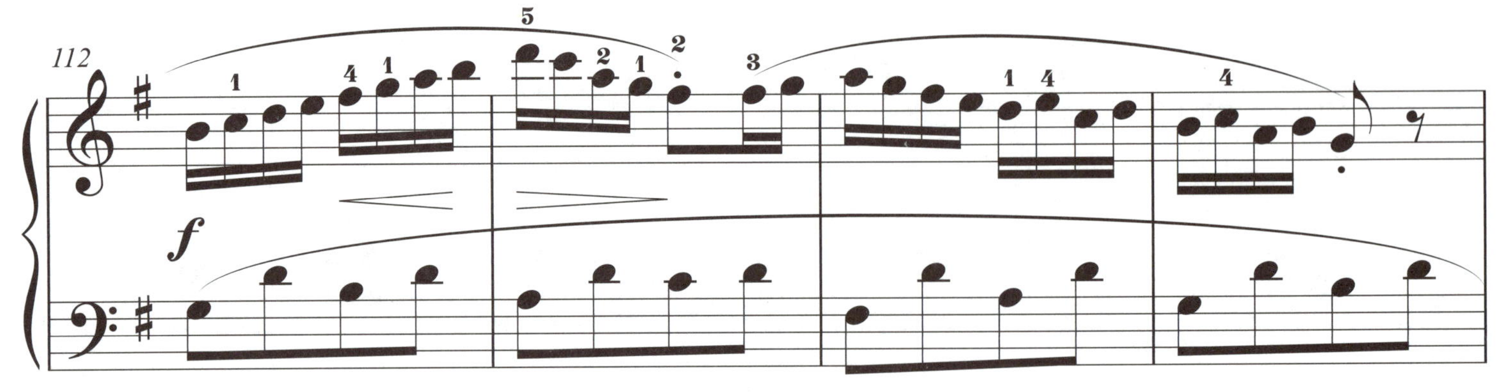
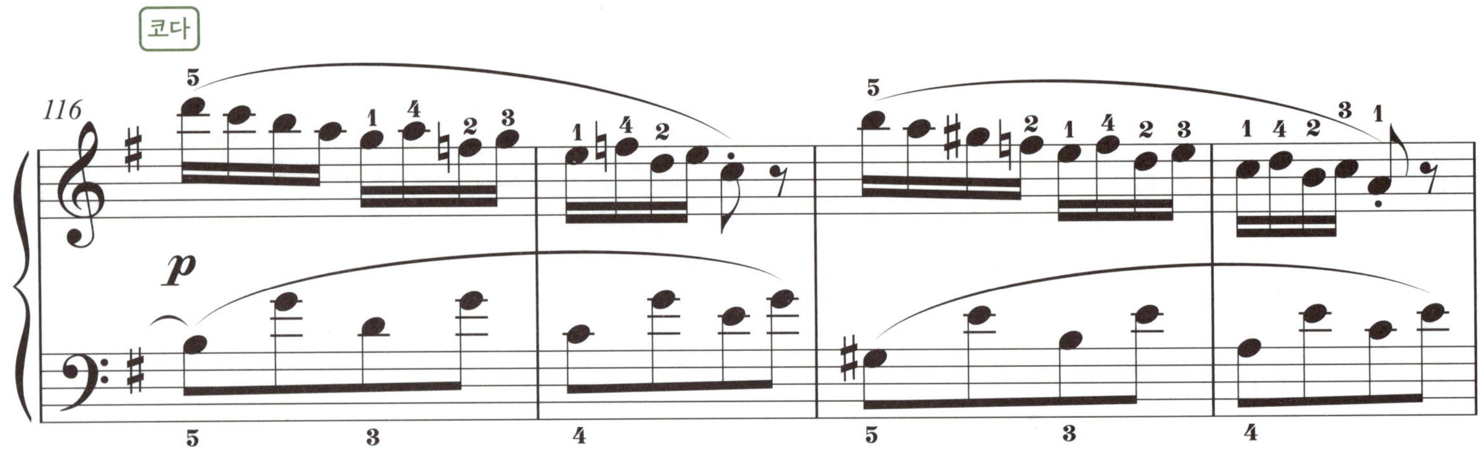
코다
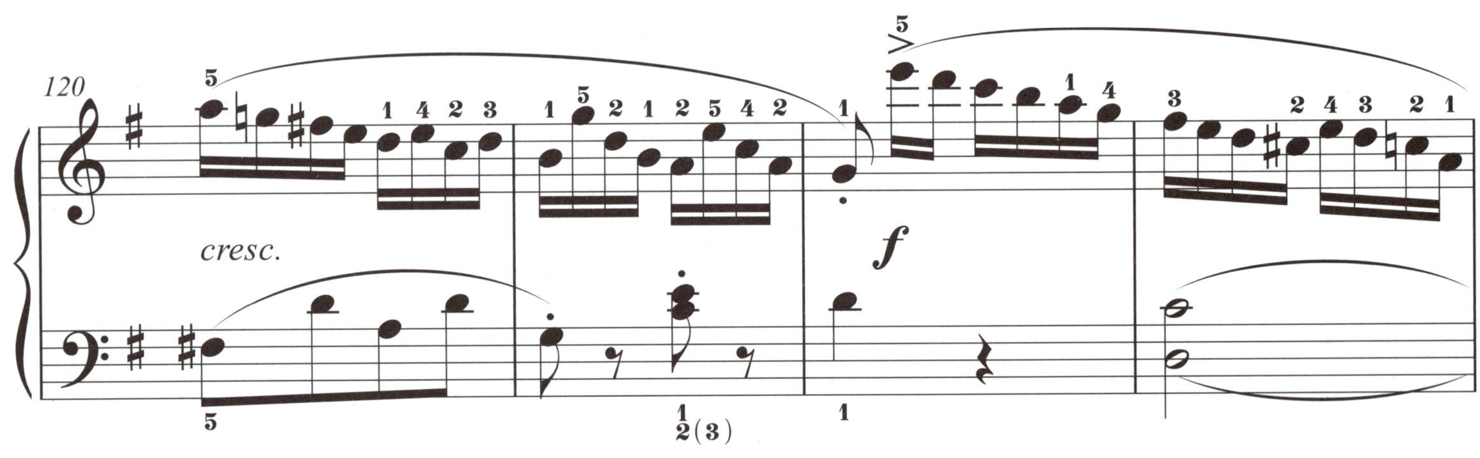
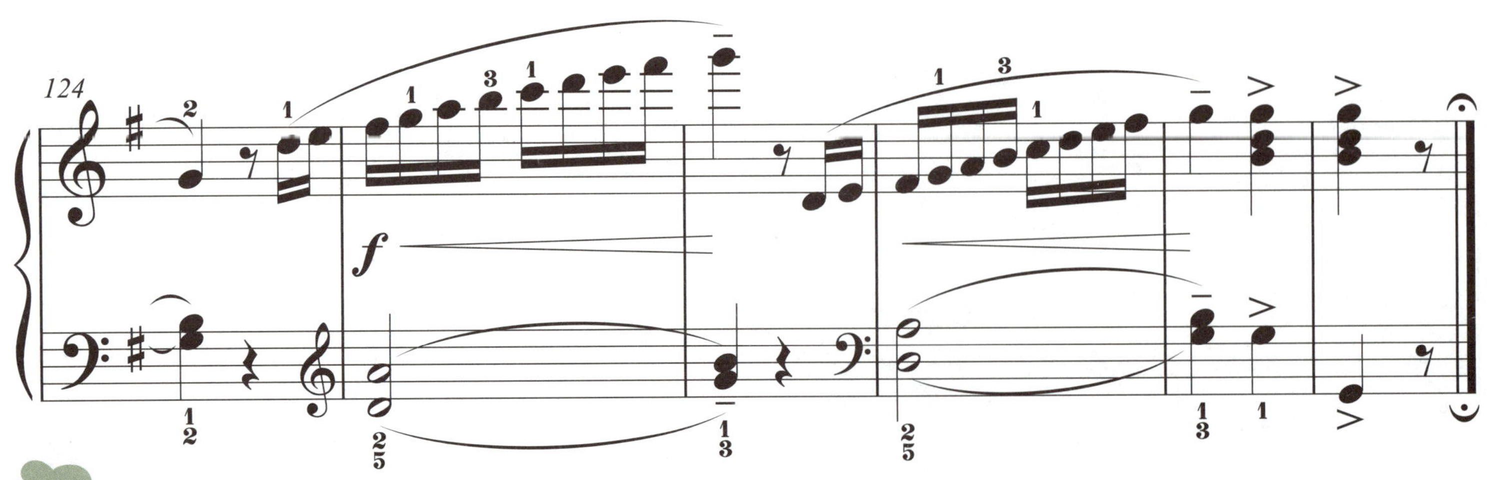

20 쿨라우 소나티네 Op.55 No.3
제1악장 다(C)장조

박자 $\frac{4}{4}$ 박자

빠르기   **Allegro con spirito**(알레그로 콘 스피리토)

곡의 느낌   빠르고 생기있게

곡의 형식   소나타 형식

연습과 곡의 표현

♥ 6도 겹음의 주제는 6도를 누르는 손 모양을 유지시켜 주세요. 겹음 스타카토는 윗소리가 잘 들리도록 연주하세요.

미리 맛보기

♥ 펼침 화음

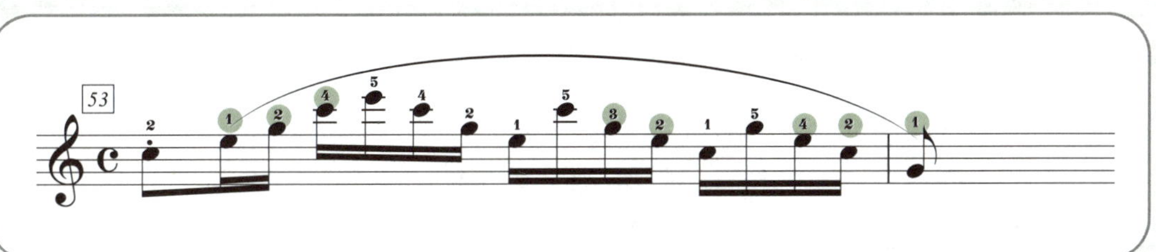

손가락 번호를 외우면서 충분히 연습하고, 천천히 시작하여 점차 빠르기를 더해가세요.

쿨라우 소나티네 Op.55 No.3
제1악장

제2주제

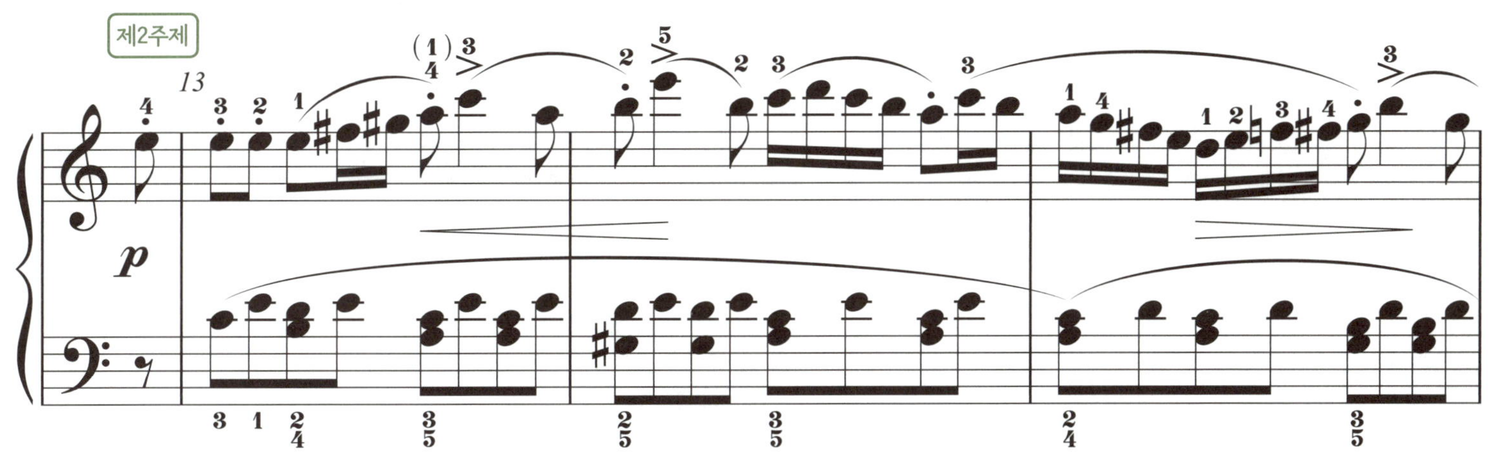

cresc.

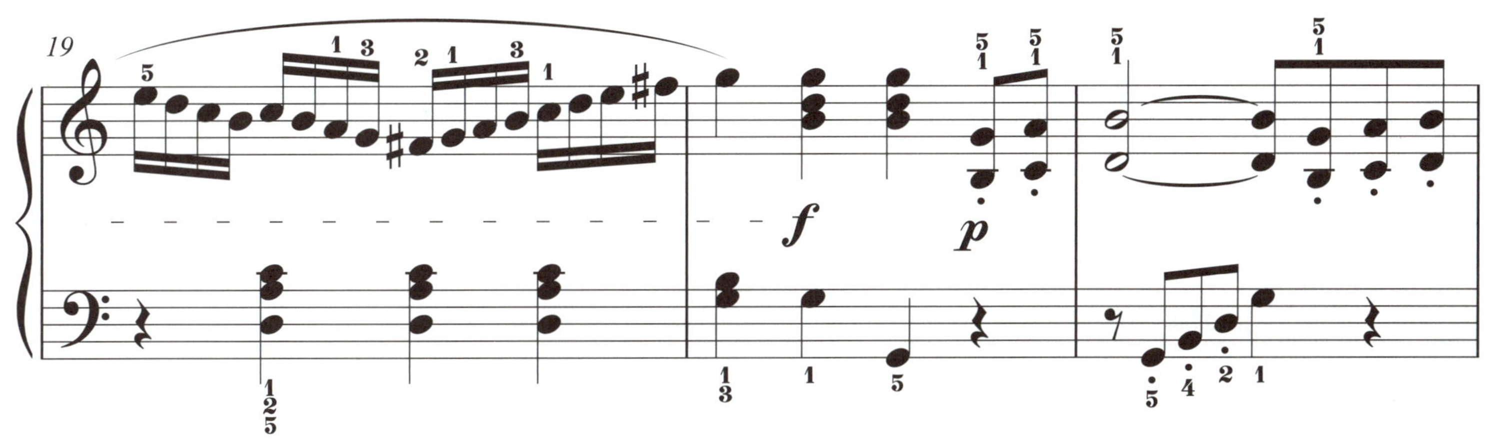

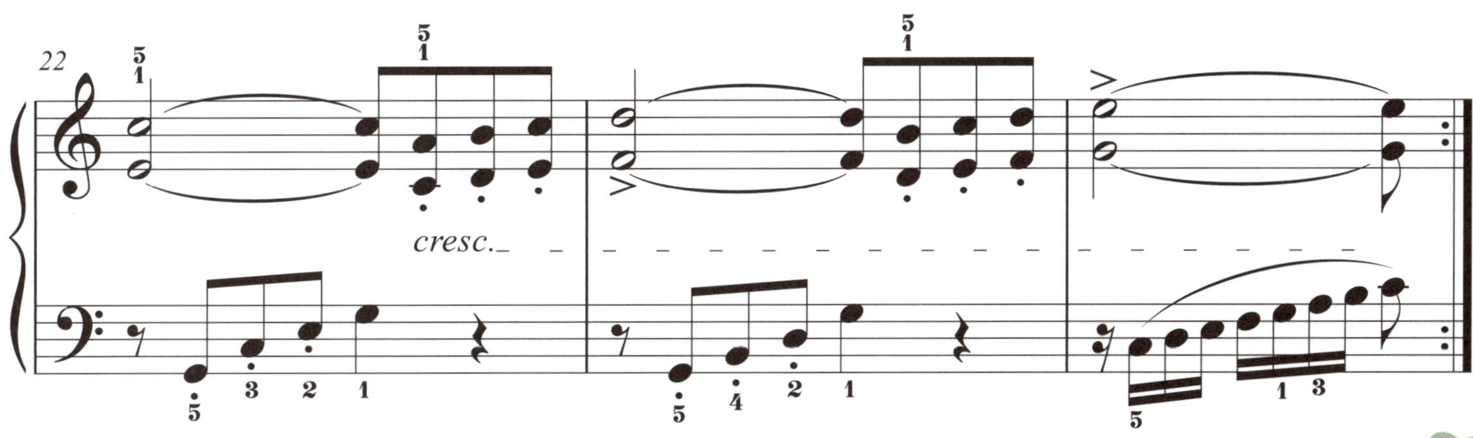
cresc.

전개부
25
p
dolce
cresc.
28
poco a poco cresc.
조금씩 점점 세게
31
f
dim.
재현부
경과구
34
p
f

제2주제

코다
ff
f
sempre f
늘, 항상

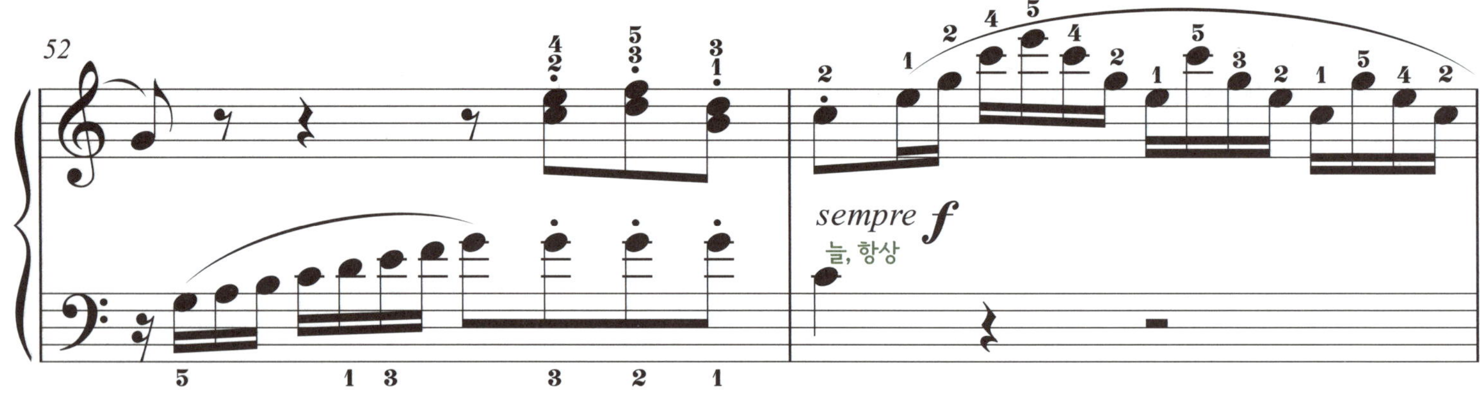

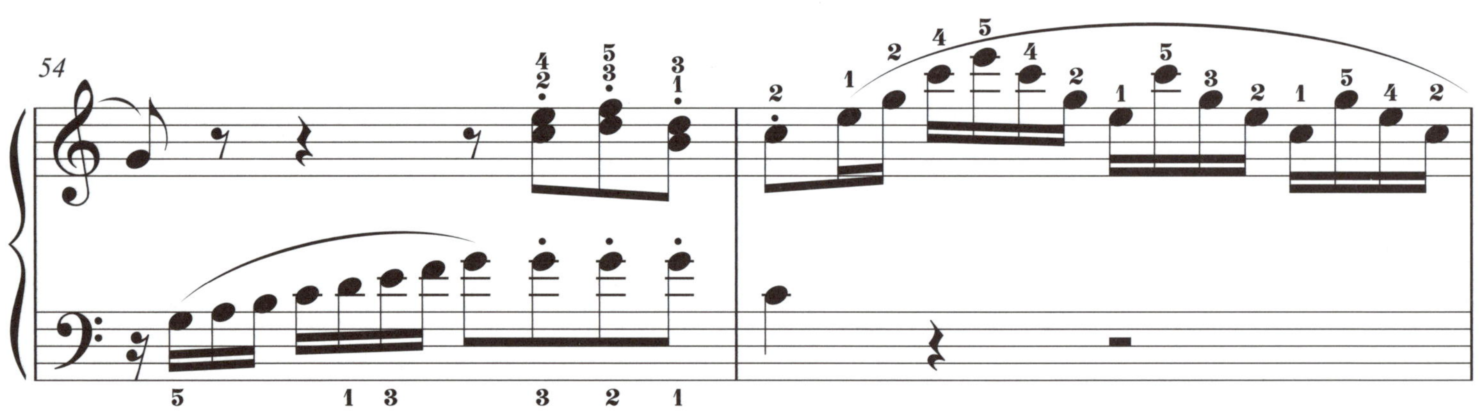
1.
ff
2.
ff

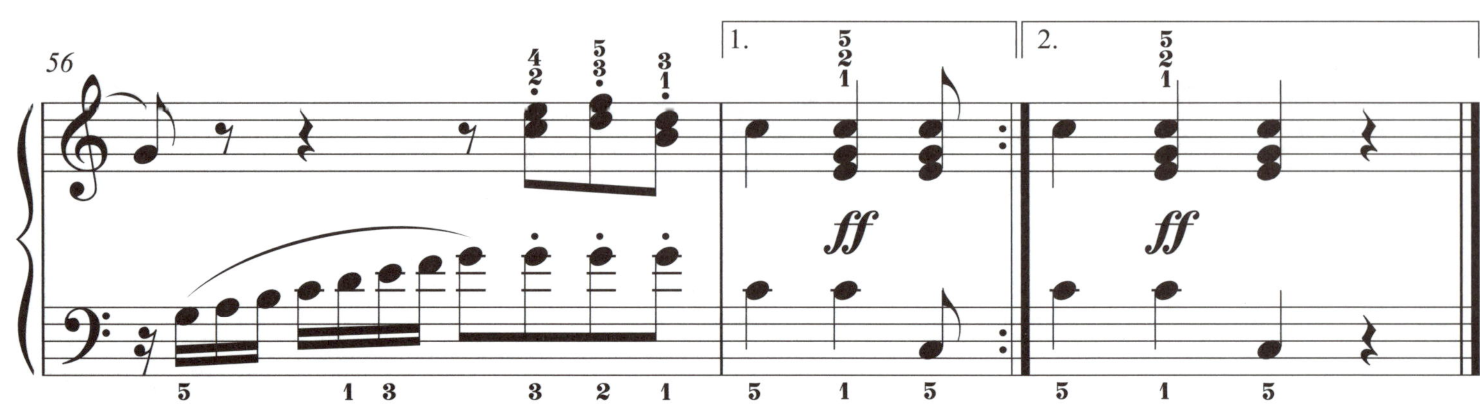

발행일 2024년 5월 30일

편저 그래서음악연구소(somusic LAB.), 편집부 편
발행인 최우진
편집 이슬기
디자인 박경미, 이재란

발행처 그래서음악(somusic)
출판등록 2020년 6월 11일 제 2020-000060호
주소 (본사)경기도 성남시 분당구 정사일로 1 / /
　　　(연구소)서울시 서초구 방배4동 1426
이메일 somusicu@naver.com

ISBN 979-11-93978-04-7 (93670)